W0084543

Ihr Hobby

Salmler

Dr. Jürgen Schmidt

INHALTSVERZEICHNIS

© 1999 by bede-Verlag, Bühlfelderweg 12, D-94239 Ruhmannsfelden
E-mail: bede-Verlag@t-online.de; Internet: http://www.bede-verlag.de
Konzept der Reihe „Ihr Hobby…", Herstellung und Gestaltung: bede-Verlag
Fachliche Durchsicht: Harro Hieronimus, Solingen

Alle Rechte vorbehalten. Für Schäden die durch Nachahmung entstehen,
können weder Verlag noch Autor haftbar gemacht werden.

Bildnachweis: M.-P. & C. Piednoir/Aqua Press, Aqualife Taiwan, Yvette
Tavernier, Dr. Jürgen Schmidt oder bede-Verlag; sofern nicht anders
vermerkt.

ISBN: 3-931 792-74-9
bede-Bestellnummer: HO 371

Solche bunte Gesellschaftsaquarien sind der Wunschtraum vieler Aquarianer. Der Weg zu diesem Ziel erscheint leicht. Dennoch erfordert es viel Erfahrung und Fingerspitzengefühl, eine harmonierende Gesellschaft zusammenstellen zu können. Foto: M.-P. & C. Piednoir

In den meisten Gesellschaftsaquarien nehmen Salmler eine zentrale Rolle ein. Nicht wenige Aquarianer wurden zum ersten Mal auf ihre heutigen Lieblinge aufmerksam, als sie irgendwo diese lebendigen, bunten Fische beobachten konnten.

Im Gesellschaftsaquarium werden die Salmler zunächst oft gemeinsam mit anderen beliebten Fischen wie Lebendgebärenden, kleinen Buntbarschen oder kleinen Welsen gepflegt. Viel zu oft lernt der Aquarianerneuling erst aus der Erfahrung, daß manche dieser Kombinationen nicht gerade ideal sind. Daraus resultiert dann eine zunehmende Spezialisierung auf einzelne Fischfamilien, wobei dann die Salmler meist „auf der Strecke bleiben". Das ist um so bedauerlicher, als die Salmler keinesfalls lediglich langweilig hin und her schwimmende Schwarmfische sind, sondern durchaus zu ähnlich hochentwickelten Verhaltensäußerungen wie Buntbarsche oder Labyrinthfische fähig sind. So gibt es nicht wenige Salmler, die durchaus - wenigstens zeitweise - Revieransprüche stellen, und sogar Brutpflege ist zwar nicht an der Tagesordnung, aber für manche Salmlergruppen nahezu selbstverständlich. Der Erfolg der Ratgeber-Bücher: „Amanos Naturaquarien - Wasserpflanzenpa-

3

Ein Aquarium in modernem Design, das mit seiner dichten Bepflanzung und dem dichten Besatz mit Roten Neon und Diskus u. a. sehr prächtig wirkt. Zur dauerhaften Pflege erfordert ein solches überbesetztes Aquarium aber einen sehr großen Aufwand. Foto: Piednoir

radiese und die Welt der Salmler" sowie „Salmler - Faszination Aquarienfischzucht" bestärkte uns in der Ansicht, daß die Salmler in der Aquaristik erheblich beliebter sind, als es sich aus der Anzahl der derzeitig zu diesem Thema angebotenen Bücher schließen ließe.

In diesem Buch werden deshalb weniger die speziellen ökologischen Lebensbedingungen und die unterschiedlichen Verhaltensweisen der Salmler geschildert, sondern der Schwerpunkt wurde auf die Vorstellung der beliebtesten und einiger besonders auffälliger oder bizarrer Arten und ihrer Ansprüche gelegt. Dieses Buch dient also vornehmlich dazu, das Interesse an diesen interessanten und schönen Fischen zu wecken

und alles Wesentliche in kompakter Form nachschlagen zu können. Weitergehende speziellere Informationen können dann den genannten Büchern entnommen werden.

Leider gibt es nicht nur Freude, sondern auch machmal Probleme mit den Fischen. Beispielsweise gibt es an vielen Wohnorten Schwierigkeiten mit der Qualität des Leitungswassers, oder es kommt vor, daß neu erworbene Salmler erkranken. Da es sich hier um sehr vielfältige Probleme handelt, die im Rahmen dieses Buchs nicht erschöpfend behandelt werden können, das Wissen um diese Dinge aber für den Aquarianer und vor allem für seine Fische sehr wichtig ist, sei die Lektüre der weiterführenden

Hobby-Bücher: „Aquaristik für Einsteiger" und „Gesunde Aquarienfische" sehr empfohlen.

Die große Zahl der Salmler, von denen es fast 1500 Arten gibt, kann natürlich im Rahmen dieses Buchs nicht vorgestellt werden. Der Autor hofft indes, eine repräsentative Auswahl getroffen zu haben. Entsprechend der Größe und des derzeitigen geringen Bekanntheitgrads der Salmlerverwandtschaft ist im Zusammenhang mit den wissenschaftlichen Namen der Arten immer wieder mit Änderungen zu rechnen. Weil viele der Fische unter verschiedensten deutschen Namen im Handel sind, werden auch hier immer die wissenschaftlichen Namen der Salmler genannt. Ungeachtet ihrer Verwandtschaft und systematischen Einteilung werden die Salmler hier im Artenteil in alphabetischer Reihenfolge der wissenschaftlichen Namen aufgelistet. Dabei wurden aber nicht alle modernen Trends bei der Namensgebung berücksichtigt. Beispielsweise wurden die Phantomsalmler kürzlich der großen Sammelgattung *Hyphessobrycon* zugeordnet. Da es hier bereits absehbar ist, daß es nicht dabei bleiben wird, sind die Phantomsalmler in diesem Buch unter dem alten Gattungsnamen *Megalamphodus* eingeordnet.

Ungeachtet solcher, für den Aquarianer eher nebensächlicher Probleme, wünsche ich Ihnen viel Spaß beim „Stöbern" in diesem Buch und viel Freude bei der Zusammenstellung Ihrer „Wunschfischgesellschaft".

Sofern bei der Wasserqualität die richtigen Voraussetzungen für alle Fische geschaffen wurden, ist es durchaus möglich, Salmler mit Fischen, die ihre Herkunft auf anderen Kontinenten haben, gemeinsam zu pflegen.
Foto: Piednoir

Hier wurden Rote Neon, Zitronen- und Ziersalmler mit Skalaren in einem dicht bepflanzten Aquarium vergesellschaftet. Zur Gestaltung eines „Rio Negro-Aquariums", in dem aber eigentlich keine Pflanzen wären, ist dies eine beliebte Kombination. Bei der gemeinsamen Pflege schlanker Salmler mit Skalaren kann es jedoch leicht zu Problemen kommen, weil die Skalare die Salmler als Futter ansehen könnten. Bei einer gemeinsamen Aufzucht kann ein solches Experiment jedoch gelingen.
Foto: Piednoir

Die einheimischen Fischer werden Caboclos genannt. Sie leben meist auf ihren Hausbooten, mit welchen sie zum Fischfang fahren. Unsere Salmler werden in Plastikwannen auf den Booten zwischengehältert.
Foto: bede-Verlag

Die meisten Salmler stammen aus den recht mineralarmen und warmen tropischen Gewässern. Es sind allerdings auch einzelne Salmler aus den kühlen südlichen Regionen Chiles und Argentiniens bekannt. Und vor allem die *Astyanax*-Arten Mittelamerikas kommen durchaus auch in härterem Wasser vor.

Die tropischen Fließgewässer werden in drei ökologische Haupttypen unterteilt.

Das Klarwasser stammt aus Gebieten, in denen das Niederschlagswasser aus dem Boden und den Gesteinen keine Mineralstoffe aufnehmen kann, da das dortige Gestein nur schwer löslich ist oder es im Laufe vorangegangener Jahrmillionen bereits die meisten löslichen Mineralstoffe verloren hat. Deshalb ist das Klarwasser sehr arm an gelösten Stoffen, es transportiert auch keine Trübstoffe und enthält kaum organische Bestandteile.

Klarwasser ist durchsichtig klar.

Das Weißwasser stammt im Gegensatz dazu aus geologisch jungen Regionen. Dieses Wasser transportiert viele Trübstoffe und enthält zudem große Mengen gelöster Substanzen. Auch in Regionen, in denen der Tropenwald verbrannt oder gerodet wurde, führen die Regenfälle zu starken Erosionserscheinungen, wodurch dann das Wasser der Fließgewässer stark getrübt ist. So werden auch andere Gewässertypen durch Einwirkung des Menschen zu lebensfeindlichen Weißwässern. Durch die Trübung können sich im Weißwasser kaum Algen und Wasserpflanzen entwickeln. Deshalb fehlt der Beginn der Nahrungskette, in diesem Wasser gibt es nur wenige angepaßte Organismen.

Weißwasser ist undurchsichtig trüb.

Der dritte Typ - das Schwarzwasser - ist Niederschlagswasser, das über erdgeschichtlich alten Regionen mit geringem oder keinem Gefälle nieder ging. Weil in den Tropenregionen die Pflanzen dem Boden und dem Wasser alle - ohnehin sehr wenigen - Mineralstoffe innerhalb kürzester Zeit entziehen, ist auch das Schwarzwasser sehr mineralarm. Gleichzeitig hat es sich aufgrund der hohen Humin- und Tanningehalte der Streuauflagen der Böden mit organischen Substanzen angereichert. Dieses Wasser hat eine geringe elektrische Leitfähigkeit und weist pH-Werte im sauren bis extrem sauren Bereich auf.

Schwarzwasser ist durchsichtig klar und bei größeren Wassertiefen optisch bernsteinfarben bis schwarz.

Produkte zur Wasseraufbereitung gibt es im Fachhandel. Foto: Amazonatur

Aber in den wenigsten großen Tropenströmen ist einer dieser Wassertypen rein vorzufinden. Meistens ist in diesen großen Tropenfließgewässern Mischwasser aus verschiedenen Wassertypen vertreten.
Die Mehrzahl der Salmler ist in ihrer natürlichen Umgebung weitgehend an be-

stimmte Laichperioden gebunden. Diese sind gewöhnlich mit dem Ende der Regenzeiten ihrer Heimatgebiete gekoppelt. Doch kann dies nicht pauschal behauptet werden, denn - je nach Herkunft der Fische - können die Regenzeiten in ihrer Heimat unterschiedlich oder gar nicht ausgeprägt sein; im allgemeinen haben sie mit zunehmender Entfernung vom Äquator eine deutlicherer Ausprägung mit zunehmender Intensität. In den nördlichen und südlichen Regenwäldern sind die Regenzeiten, beziehungsweise die niederschlagsarmen und -reichen Perioden, zeitlich regelmäßiger und deutlicher getrennt.

Hinweis: Oft werden zur Regenzeit regelmäßig weite Landschaften unter Wasser gesetzt.

Das aus den Überschwemmungsgebieten abfließende Wasser ist mit Zersetzungsprodukten - vor allem pflanzlichen Ursprungs - beladen. Deshalb kann es durchaus sinnvoll sein, diese Bedingungen im Aquarium nachzuvollziehen (es gibt entsprechende Produkte, wie Rio Negro, im Fachhandel), weil man-

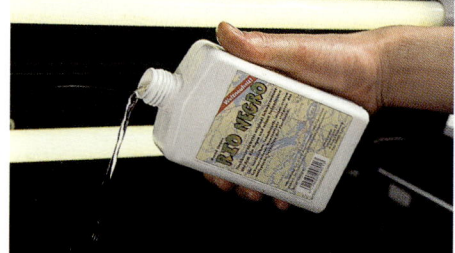

che Fische zwingend an diese Bedingungen angepaßt sind. Durch diese organischen Stoffe im Frischwasser können sich Mikroorganismen - sofern dies nicht extreme pH-Werte einschränken - geradezu explosionsartig vermehren. Die Mikroorganismen stellen die ersten Glieder eines komplizierten Nahrungsnetzes dar, das für die Fischfauna von außerordentlicher Bedeutung ist.

Tip: **Viele Kleinstlebewesen sind wichtige Nährtiere der Salmlerbrut und der heranwachsenden Jungfische.**

Aber ebenso wichtig sind die Kleintiere - nebst manchen Samen und Früchten - für die Bildung eines Laichansatzes der Fischweibchen. Der natürliche Rhythmus der Regen- und Trockenzeiten prägt das Verhalten der meisten Salmler, die oft auch unter Aquarienbedingungen ihre angeborene Rhythmik beibehalten.

Wie beeinflussen die Wasserverhältnisse in der Natur die zu schaffenden Voraussetzungen im Salmleraquarium?

Prinzipiell ist Weißwasser im Aquarium nicht herstellbar - weil die Trübstoffe bald absedimentieren oder sich im Filter sammeln -, was aber auch aufgrund seiner Undurchsichtigkeit und Unattraktivität gar nicht erwünscht ist. Klar- und Schwarzwässer sind hingegen - bei entsprechendem Aufwand - durchaus herstell- und brauchbar. Die meisten Salmler leben nicht nur in ihren ökologisch optimalen Habitaten, sondern sie

In den Regenzeiten stehen auch große Bereiche des tropischen Regenwalds unter Wasser. In dieser Zeit fällt der Laich- oder Fortpflanzungstermin vieler Salmler und anderer Fische und Wassertiere. Foto: bede-Verlag

finden auch in weniger perfekten Lebensräumen ihr Auskommen.

Tip: **Für die Pflege anpassungsfähiger Salmler ist es nicht sinnvoll, im Aquarium entsprechend perfektes Klar- oder Schwarzwasser anzubieten.**

Anders ist es bei besonders angepaßten Arten. Diese Salmler dürfen nicht nur zur Zucht unter optimalen Bedingungen gepflegt werden, sondern müssen auch bei der einfachen Pflege ohne Zuchtabsichten beste Wasserbedingungen vorfinden; zumal manche Arten, zum Beispiel die Roten Neon, *Paracheirodon*

9

Die kleineren Salmlerarten halten sich eher in den kleineren Seitengewässern der Tropenströme auf als im gewaltigen „Süßwassermeer" des Amazonas. Foto: bede-Verlag

voll, das Klarwasser ein wenig aufzuhärten. Das Wasser kann einen elektrischen Leitwert von nur fünf bis etwa 150 μS/cm aufweisen, wobei dann eine Wasserhärte von maximal 4 °dKH vorliegen darf.

Achtung: Vor allem zur Zucht ist die Karbonathärte gering zu halten und darf 1 °dKH keinesfalls überschreiten.

Bei diesen Gesamthärtegehalten spielt die Zusammensetzung des Wassers jedoch eine wesentliche weitere Rolle. Insbesondere Speisesalz hat im Aquariumwasser - außer als Medikament bei Fischkrankheiten - nichts verloren, denn es wirkt auf viele Weißwasserfische schädlich. Auch bestimmte Metallionen, wie die von Eisen und Mangan, fördern nicht nur das Wachstum der höheren Pflanzen sondern sind als Spurenelemente ebenso für die Fische wichtig.

axelrodi, bei falscher Haltung dauerhaft ihre Fruchtbarkeit verlieren könnten.

Tip: Klarwasser ist heute über Umkehrosmose oder Ionenaustausch problemlos herstellbar.

Es ist aber schwierig, weiches Wasser im Aquarium zu stabilisieren. Da das mineralarme Wasser nahezu ungepuffert ist, ist es insbesondere in Bezug auf den pH-Wert instabil. Aufgrund der Toleranz der Fische und einer gewissen Schwankungsbreite auch in der Natur ist es sinn-

Tip: Schwarzwasser kann durch Filterung über Torf und die Zugabe entsprechender Produkte aus dem Fachhandel leicht aus Klarwasser hergestellt werden.

Aus diesen kurzen Einführungen zur Wasserchemie ist zu entnehmen, daß Aquarien- oder Naturgewässer von beispielsweise 4 °dGH nicht unbedingt in ihrer chemischen Zusammensetzung übereinstimmen müssen.

*Salmler in offenen Aquarien zu pflegen, ist besonders günstig, weil sich die Pflanzen dann besser entfalten können. Dabei muß aber darauf geachtet werden, daß dem Aquarium beim Nachfüllen des verdunsteten Wassers nicht zu viele Mineralstoffe zugeführt werden. Außerdem muß das Zimmer, in dem ein solches Aquarium steht, gut gelüftet sein, da durch die erhöhte Luftfeuchtigkeit ein verstärktes Risiko der Schimmelbildung im Wohnraum besteht.
Foto: Piednoir*

Das Aquarium

Zur artgerechten Pflege der Salmler werden heute fast nur noch mit schwarzem Silikon geklebte Ganzglasaquarien benutzt. Schwarzer Silikon ist als Klebstoff dem durchsichtigen vorzuziehen, weil die Algen den dunklen Silikon nicht so schnell wie den klaren durchwachsen können. Zwar ist auch Plexiglas eine Alternative, doch verkratzt dieses Material leicht. Für die Zucht werden aber manchmal kleine Vollglas- oder Kunststoffaquarien verwendet. Aber auch hier gibt es günstige Alternativen aus silikonverklebtem Glas.

Entsprechend der Anzahl und Größe der Fische, die gepflegt werden, ist die bereitzustellende Aquariengröße unterschiedlich.

Tip: Die meisten Salmler sind keine echten Schwarmfische, sondern „zeigen nur in Anwesenheit von Artgenossen ihr arttypisches Verhalten! Salmler neigen also zur Geselligkeit.

Da alle Organismen in der natürlichen Umwelt mit dieser Umwelt in Beziehung stehen - denn sie atmen, nehmen Nährstoffe auf, scheiden Stoffwechselendprodukte aus, und Pflanzen können mit Hilfe von Licht Photosynthese betreiben -, handelt es sich auch bei den Lebensvorgängen im Aquarium um ökologische Prozesse. Das Ziel des Aquarianers, obwohl er regelnd eingreifen muß, muß es sein, diese Prozesse auch im Aquarium möglichst stabil zu halten. Weil sich aber trotz aller regelnden Eingriffe mit

Es ist wichtig, das Salmler-aquarium mit Pflanzen, Moorkienholz und Steinen gut zu strukturieren. Die Steine, die im Bodengrund versenkt werden, müssen gleich bei der Einrichtung des Aquariums fest eingeplant werden. Foto: bede-Verlag

der Zeit Schadstoffe im Aquarienwasser ansammeln, ist es günstig, je Fisch eine möglichst große Wassermenge zur Verfügung zu stellen. Dadurch werden die Ausscheidungen der Fische im Wasser weitgehend verdünnt. Durch die außerdem regelmäßig durchzuführenden Teilwasserwechsel wird dieser Verdünnungseffekt verbessert.

> **Tip:** Mit zunehmender Wassermenge und entsprechend weniger Fischen verringert sich die Häufigkeit und notwendige Menge des Wasserwechsels.

Deshalb sind vor allem für Anfänger größere Aquarien zu empfehlen. Mögliche Fehler wirken sich in großen Aqua-

rien, beispielsweise ab 1 m Länge und circa 160 Litern Wasserinhalt, weniger drastisch als in kleinen aus.

> **Tip:** Zur Zucht bietet es sich an, sehr kleine Aquarien mit nur zehn bis vierzig Litern Inhalt zu verwenden.

Es gibt sogar einzelne Salmlerarten, die nur in kleinen Aquarien ablaichen, weil sie dazu kleine und überschaubare Lebensräume benötigen. Der Hauptgrund für den Züchter, als Ablaichaquarien kleine Behälter zu verwenden, liegt jedoch darin, daß kleine Aquarien viel leichter sauberzuhalten und die Eier oder Larven besser auffindbar sind. Außerdem wird in kleinen Aquarien nur wenig Wasser benötigt, und das ist vor allem dann günstig, wenn besonders aufbereitetes Wasser vonnöten ist.

Das Art- oder Gesellschaftsaquarium muß vorzugsweise gut bepflanzt sein und im Rahmen des Möglichen den Charakter eines amazonischen oder westafrikanischen Wasserlaufs nachempfinden. Hierbei schafft ein dunkler Sand als Bodengrund eine Sicherheit vermittelnde Atmosphäre, in der die Salmler meist bestens zur Geltung kommen. Tatsächlich sollte die gesamte Einrichtung ebenfalls nach diesem Gesichtspunkt ausgesucht werden. Die Bepflanzung wird unter den als robust bekannten Arten gewählt. Folglich kommen vor allem *Microsorum pteropus*, *Ludwigia repens* und, sofern das Aquarium gut ausgeleuchtet ist, *Echinodorus tenellus* infrage. Einige Schieferplatten und eventuell auch Moorkienwurzeln schließen die Einrichtungsgestaltung ab.

Für große Salmleraquarien haben sich die Motortopfaußenfilter bestens bewährt. Diese gibt es auch mit eingebauter Heizung. Außenfilter bergen aber das Risiko, daß sich trotz aller Vorsichtsmaßnahmen einmal ein Schlauch lösen und das Aquarium leerlaufen könnte. Foto: bede-Verlag

Tip: Je größer das Aquarium ist, desto einfacher läßt sich der Biotop nachgestalten.

Hinweis: Auch in größeren Aquarien, in denen zudem regelmäßig ein Teilwasserwechsel durchgeführt wird, ist es günstig, eine Filterung zu installieren.

Noch ein Tip: In den Ansaugschlauch kurz unter der Wasseroberfläche ein kleines Loch bohren, dann kann im Katastrophenfall das Wasser nur bis zu dieser Stelle auslaufen!

Filter

Die Filterleistung sollte sich für die meisten Arten, die in ruhigerem Wasser leben, im Rahmen des Eineinhalb- bis Zweifachen des Wasservolumens pro Stunde bewegen. Für diesen Zweck reicht in kleineren Aquarien bereits ein kleiner Innenfilter aus. Er ist nicht nur einfach zu betreiben und preiswert in der Anschaffung, sondern läßt sich auch gut hinter den Pflanzen, Wurzeln und Steinen verstecken.

Die Filterung erzeugt neben der Säuberungsleistung eine Strömung, die von vielen Fischen benötigt wird, und außerdem stabilisiert sie die Wasserbedingungen.

Die Filterleistung muß entsprechend der zu filternden Wassermenge ausgewählt werden. In kleinen Aquarien genügt es, einen kleinen luftbetriebenen Schaumstoffpatronenfilter zu installieren. Für größere Aquarien sind motor-

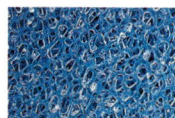

Filterschaum-stoff und Filter-keramik sind bewährte Fil-tersubstrate.

Es gibt heute bruchsichere Regelheizer, die gefahrlos im Aquarium verwendet wer-den können. Fotos: bede-Verlag

betriebene Topffilter besser geeignet. Ob dafür Außen- oder Innenfilter aus-gewählt werden, bleibt sowohl dem Ge-schmack des Aquarianers als auch den Notwendigkeiten - wie zum Beispiel dem vorhandenen Platzangebot - überlassen. Innenfilter nehmen wertvollen Raum im Aquarium ein und sind nicht leicht vor den Blicken des Betrachters zu ver-stecken. Außenfilter bergen aber das Risiko, daß sich trotz aller Vorsichts-maßnahmen einmal ein Schlauch löst und das Aquarium leerlaufen könnte.

Hinweis: Zur Filterung gibt es unter-schiedlichste Materialien, die je nach Zweck und Häufigkeit der Filtersäube-rung zur Verwendung kommen.

Eines der ältesten Filtersubstrate ist die Filterwatte, die auch heute noch ihre Berechtigung als erstes Vorfiltermedi-um hat, da Watte leicht handhabbar und austauschbar ist. Zwei weitere Materialien haben sich ebenfalls be-währt: Schaumstoff unterschiedlicher Feinheit - je nach Zweck -, und Filter-ton- oder Sinterglasröhrchen. Beide Substrate werden dicht von Bakterien besiedelt und tragen deshalb zur bio-logischen Filterung des Wassers bei. Der Schaumstoff kann hin und wieder mit lauwarmem Wasser ausgewaschen werden und befindet sich vor den Ton-röhrchen, so daß die feinen Poren der Röhrchen nicht verstopfen. Es hat sich bewährt, mehrere Lagen Filterschaum-stoff zu verwenden. Dann kann regel-mäßig eine Lage ausgewaschen wer-

den, während die anderen mit Bakte-rien besiedelt bleiben und die ausge-waschene oder erneuerte Schaumstoff-lage erneut impfen.

Achtung: Auf Teilwasserwechsel darf trotz Filterung nie völlig verzich-tet werden.

Heizung

Tip: Die Temperatur des Aquarienwas-sers befindet sich für die meisten Salm-ler zwischen 22 und 26 °C im richtigen Bereich.

Steigt die Temperatur für längere Zeit über 28 °C - in heißen Sommerwochen zum Beispiel - muß für eine zusätzliche Sauerstoffanreicherung des Wassers - beispielsweise mittels eines Ausströmers - gesorgt werden.
Wie bei der Filterung bietet sich auch bei der Beheizung des Aquariums eine große Auswahl an. Eine Außenheizung ist siche-rer, weil dadurch eine stromführende Lei-tung weniger mit dem Wasser in Berüh-rung gelangen kann. Außenheizungen

*Für große Salm-
leraquarien,
wie hier bei
einem Piranha-
aquarium im
Zoo, sind
leistungsfähige
Beleuchtungen
wichtig, damit
die Pflanzen
auch im tiefe-
ren Wasser
noch genug
Licht erhalten
und dadurch
richtig wachsen
können.
Foto: Dr. J.
Schmidt*

werden in Form von Heizmatten unter das Aquarium gelegt. Sind sie allerdings in der Leistung zu stark oder zu schwach ausgelegt oder gar beschädigt, dann macht eine Korrektur das Entleeren des gesamten Aquariums notwendig.

Anstelle einer Heizmatte unter dem Aquarium kann auch ein Heizkabel im Bodengrund verlegt werden. Hier kann mit der Länge des Kabels die Energieversorgung besser gesteuert werden, außerdem wird weniger Wärme nach unten abgeleitet, es geht also weniger Energie verloren. Aber auch Heizkabel sind - wie Heizmatten - bei Wartungsmaßnahmen fast unzugänglich.

Stabheizer sind einfach zu installieren und je nach erforderlicher Leistung leicht austauschbar. Stabheizer werden heute serienmäßig mit Reglern und Trockenlaufschutz ausgestattet. Bessere Fabrikate bergen keine Risiken in Bezug auf mögliche Stromschläge mehr in der Art, wie es noch bei alten Glasstabheizern der Fall war. Als ideal hat sich auch die Installation der Heizung im Aussenfilter erwiesen. Es gibt auch Motortopffilter mit eingebauter Heizung.

Beleuchtung

Eigentlich wäre für die Salmler eine Beleuchtung nicht wichtig. In den Gewässern der tropischen Regenwälder ist es meist relativ dunkel. Die Beleuchtung dient deshalb vor allem der Förderung des Pflanzenwuchses.

*Noch ein Tip:
Ein FI-Fehler-
stromschalter
schafft zusätzli-
che Sicherheit
im Stromsystem
am Aquarium!*

Auch ohne fest eingebaute Rückwand kann ein Salmleraquarium bei einer geschickten Einrichtung und Bepflanzung einen guten Eindruck beim Betrachter hinterlassen. Dieses ist u. a. mit Brillantsalmlern, Moenkhausia pittieri, besetzt. Foto: bede-Verlag

Tip: Eine Zeitschaltuhr kann den Beleuchtungsrhythmus auf regelmäßig 10 bis 13 Stunden pro Tag steuern.

Die Wichtigkeit der Lichtfarbe der verwendeten Leuchtstoffröhren oder der anderen Leuchten wird oft überschätzt. Denn die neben dem grünen Blattfarbstoff Chlorophyll in den Pflanzen zusätzlich vorhandenen Farbstoffe werden in Anpassung an das angebotene Licht von den Pflanzen gebildet und leiten dem Chlorophyll die Energie zu. Deshalb kann jede Lichtfarbe des sichtbaren Spektrums zur Verwendung kommen. Aber die Lichtfarbe darf nicht unnötig gewechselt werden, weil die Aquarienpflanzen dann andere und neue Farb-

stoffe bilden müssen, was nur in jungen Pflanzenorganen, vor allem in den jungen Blättern, möglich ist. Das zur Lichtfarbe dargestellte gilt in ähnlicher Weise auch für alte Leuchtstoffröhren. Je älter die Röhre wird, desto schlechter wird die Lichtausbeute, und zudem verändert sich das Lichtspektrum. Wenn sehr alte Leuchtstoffröhren schließlich ausgetauscht werden, kann es dadurch zur Schädigung der Pflanzen kommen. Wenn mehrere Leuchten über dem Aquarium installiert sind, dann dürfen niemals alle Röhren gleichzeitig ausgetauscht werden, um negative Auswirkungen auf die Pflanzen zu vermeiden. Bei der Verwendung verschiedener Lichtfarben ist allerdings zu bedenken, daß manche das Algenwachstum fördern, was vor allem auch auf die einfachen Glühbirnen zutrifft.

Aquarienwasser

Das Wasser ist für die Salmler ebenso wichtig wie für uns die Luft. Aber anders als in der Luft sind im Wasser sowohl wichtige Nährstoffe, aber auch Keime in großer Dichte enthalten.

Hinweis: Für die meisten Salmler muß das Wasser weich sowie nähr- und mineralstoffarm sein.

Leitungswasser ist sowohl arm an Nährstoffen noch enthält es Mikroorganismen in nennenswerter Anzahl. Für die Salmlerpflege ist deshalb das Leitungswasser vieler Regionen eine gute Grundlage, das teilweise sogar nicht weiter aufbereitet werden muß. Deshalb ist Leitungswasser für die Pflege von Salmlern meist ausreichend oder sogar ideal.

Tip: Vor allem wenn das vorhandene Leitungswasser weich ist, ist es eine gute Ausgangsbasis zur Salmlerpflege.

Näheres zum Thema Wasser ist dem vorherigen Kapitel: „Salmler in der Natur und ihr Aquarienwasser" zu entnehmen.

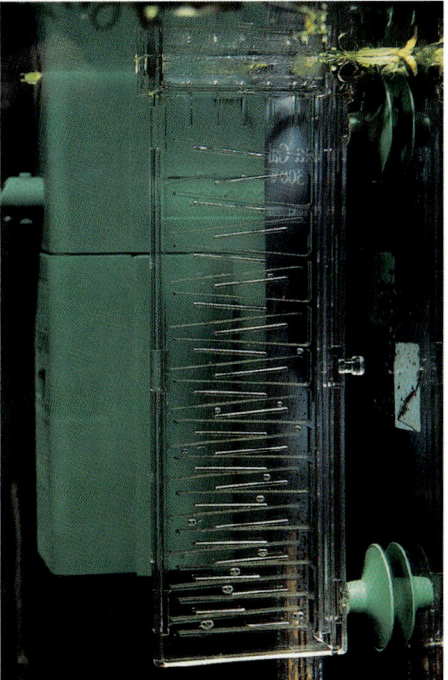

Wenn die Aquarienpflanzen mit gelöstem Kohlendioxid gedüngt werden - was sehr empfehlenswert ist -, dann darf die Filterströmung nicht zu intensiv sein, damit das CO_2 nicht direkt wieder aus dem Wasser ausgetrieben wird.

Kohlendioxidgehalt

Durch Niederschläge, Zuflüsse und beim Durchsickern des Bodens gelangt CO_2 ins Wasser. Auch das Druckgefälle zwischen Wasser und Luft sorgt für einen CO_2-Eintrag in das Wasser. Aus dem gelösten CO_2 entsteht zu einem kleinen Teil die sogenannte Kohlensäure.

Der Eintrag von CO_2 aus der Luft in die Gewässer hängt von den chemisch-physikalischen Veränderungen des Koh-

Torfgranulat wird gelegentlich bei der Salmlerzucht zum Enthärten, Ansäuern und Einfärben des Wassers benutzt. Fotos: bede-Verlag

Die Salmler müssen ausgewogen und abwechslungsreich ernährt werden. Sofern keine Nahrungsspezialisten gepflegt werden, sind die Futtersorten aus dem Handel sehr gut geeignet. Foto: bede-Verlag

lendioxids im Wasser ab. Die Abhängigkeit vom pH-Wert bedeutet, daß bei pH-Wert 4 oder weniger nur CO_2, bei 7 bis 10 fast nur HCO_3^- und bei pH 11 überwiegend CO_3^{2-} vorhanden ist.

> **Tip:** **Für die Nährstoffversorgung der Aquarienpflanzen ist gelöstes Kohlendioxid im Wasser unverzichtbar und zur Steuerung des pH-Werts ist es eine große Hilfe.**

Das Futter

Die Nahrung spielt nicht nur für eine gute Pflege der Salmler eine wesentliche Rolle, sie ist vor allem dann, wenn die Fische auch gezüchtet werden sollen, von entscheidender Bedeutung. Eine gute Pflege der Fische ist dann erreicht, wenn sie auch im Gesellschaftsaquarium ablaichen. Bei vielen Arten ist es sogar

möglich, daß Jungfische auch im nicht zu dicht besetzten Haltungsaquarium heranwachsen.

Selbstverständlich müssen die Salmler entsprechend ihrer Körpergröße angepaßt ernährt werden. Nicht nur Anfängern ist es bereits passiert, daß sich aus Tümpelfutter, das eigentlich die Fische ernähren sollte, räuberische Insektenlarven so weit entwickelten, daß sie begannen, den Fischbestand im Aquarium zu dezimieren. Wer also in der Natur lebendes Futter fängt, der muß es vor der Verfütterung sieben, vor allem dann, wenn relativ kleine Fische - wie etwa Neonsalmler - gepflegt werden.

> **Achtung:** **Das Sieben des Futters ist nicht nur deshalb wichtig, um die Nahrung in angepaßte Größen zu sortieren, es dient auch dem Aussortieren geschützter Arten.**

Denn selbst an solchen Orten, an denen der Lebendfutterfang erlaubt ist, können geschützte Arten, beispielsweise Amphibien- oder Libellenlarven, ins Netz gehen, und diese müssen vor Ort aussortiert und zurückgesetzt werden.

Im Frühjahr entwickeln sich vor allem in Restwasserpfützen Stechmücken- oder Schwarze Mückenlarven. Diese sind leicht zu keschern, wobei ein Sieben meist nicht nötig ist, weil in den oft sauerstoffarmen Pfützen der Schwarzen Mückenlarven nur selten andere Arten leben. Trotzdem ist es besser, den Salmlern nur so viele Schwarze Mückenlarven anzubieten, wie sie innerhalb kurzer Zeit verzehren können. Ansonsten könnte es dazu kommen, daß die Mücken im Aquarium schlüpfen. Schwarze Mückenlarven ernähren sich als Planktonfiltrierer und sind deshalb auch für kleinste Fische völlig ungefährlich.

Über das ganze Jahr entwickeln sich Weiße Mückenlarven oder Glasstäbchen in unterschiedlichen stehenden Gewässern mit besserer Wasserqualität. Sogar im Winter leben sie unter dem Eis von Teichen und sind dort - nach dem Aufhacken -, neben Hüpferlingen, mit einiger Geduld zu fangen. Weiße Mückenlarven sind - im Gegensatz zu den fertig entwickelten Mücken, die sich von Pflanzensäften ernähren - Räuber, die auch vor Larven und Jungfischen passender Größen nicht Halt machen.

Achtung: **Lebende „Glasstäbchen" oder Weiße Mückenlarven dürfen nicht in Zuchtaquarien verfüttert werden, weil sie die Jungfische fressen würden.**

Rote Mückenlarven entwickeln sich im Bodenschlamm der Gewässer und sind deshalb nur schwer zu fangen. Darum sind Rote Larven meist nur als Beifänge mit geringem Anteil im selbst gefangenen Lebendfutter enthalten. Rote Mückenlarven werden in gefrorenem Zustand in Tafeln oder gefriergetrocknet importiert und sind ein sehr gutes Fischfutter. Allerdings überleben Rote Mückenlarven selbst in stark verschmutzten Gewässern. Ja - dort sind sie sogar besonders zahlreich, weil sich in verschmutztem Wasser viele für die Mückenlarven nahrhafte Mikroorganismen entwickeln und außerdem nur wenige Konkurrenten und Räuber vorhanden sind. Aus diesem Grunde dürfen Rote Mückenlarven nur verfüttert werden, wenn ihre Herkunft aus relativ sauberen Gewässern sicher bekannt ist. Trotz dieses Nachteils sind gefrorene Rote Mückenlarven eine der wichtigsten Futtersorten, auf deren Verfütterung kaum ein Aquarianer verzichten kann (Achtung: Allergiegefahr)!

Die meisten Salmlerarten akzeptieren nahezu jede Futtersorte. Trotzdem ist auf eine gute Qualität Wert zu legen um Mangelerkrankungen vorzubeugen. Foto: bede-Verlag

Tubifex oder Schlammröhrenwürmer sind ebenfalls ein oft angebotenes Fischfutter, das auch oft lebend im Zoofachhandel erhältlich ist. *Tubifex* gibt es zudem ebenfalls gefriergetrocknet in Würfelform im Handel, aber dieses Futter wird nur von wenigen Fischen gern genommen. Weil auch *Tubifex* im Bodenschlamm belasteter Gewässer leben, gilt für sie das Gleiche wie für die Roten Mückenlarven. Lebende *Tubifex* können unter fließendem Wasser gehalten werden, wodurch sich ihr Schadstoffinhalt verdünnt. Mit fortschreitender Haltungsdauer nimmt aber der Nährwert der Würmer stark ab.

Ein weiteres gutes Futter sind Regenwürmer. Sie können in Angelgeschäften erworben oder selbst im Garten gesammelt werden. Diese Nahrung ist naturgemäß nur für größere Salmler geeignet. Enchyträen und Essigälchen sind weitere gute Wurmfuttersorten, die leicht gezüchtet werden können und im Handel erhältlich sind.

Unter den Krebsartigen gibt es zahlreiche weitere gute Fischfuttersorten. Wasserflöhe sind in allen Arten und Größen ein gutes ballastreiches Futter. Hüpferlinge sind ebenfalls gut geeignet, aber es gibt Arten, die den Fischlarven und Jungfischen gefährlich werden können, weil sie diese annagen. Einige Hüpferlinge besitzen zudem Stacheln am Panzer und können den Jungfischen im Maul stecken bleiben. Trotzdem sind die winzigen Larvenformen, die Nauplien, der Hüpferlinge eine der wichtigsten Jungfischfuttersorten.

Die Salinenkrebse, *Artemia salina*, können aus Dauereiern unter Salzzugabe leicht ausgebrütet werden und sind ein exzellentes Jungfischfutter für etwas größere Jungfische. Artemien können auch großgezogen und mit gewissem Aufwand sogar gezüchtet werden. *Artemia*-Dauereier sind im Fachhandel erhältlich, dort sind auch genaue Anleitungen zum Ausbrüten zu erhalten.

Als Jungfischfutter sind noch Rädertierchen zu nennen, die winzig, sauber und ungefährlich sind und zudem aus Dauereiern in reinem Süßwasser ausgebrütet werden können. Leider sind sie nur schwer zu erhalten. Der Zoofachhandel führt sie meist nicht, eher sind Rädertiercheneier über Kleinanzeigen in Aquarienzeitschriften erhältlich. Glücklicherweise lassen sich Rädertierchenkulturen in Gläsern leicht erhalten und weitervermehren.

Tip: Pantoffeltierchen und andere Mikroorganismen können im Heuaufguß problemlos selbst gezüchtet werden, sie sind als Erstfutter für Jungfische sehr wichtig.

Steht kein feines Lebendfutter für die Jungfische zur Verfügung, dann können größeren Jungfischen auch die verschiedenen handelsüblichen Feinstfuttersorten (wie beispielsweise MicroMin, Micron oder auch LiquiFry, Protogen-Granulat und Microplan) angeboten werden, jedoch gilt es hier ganz besonders, eine Überdosierung zu vermeiden. Der Zoofachhandel bietet zahlreiche weitere Futtersorten an. Neben den

Die Vergesell-schaftung von Salmlern mit Harnischwelsen bietet sich an, da die Fische zum Teil die gleiche Herkunft haben, aber vor allem, weil viele Welse als Algenfresser und manchmal auch als Verwerter von Futterresten wertvolle Dienste leisten.

wichtigen Flocken-, Granulat- und Tablettenfuttersorten sind weitere Gefrierfutterarten erhältlich. Der Aquarianer muß selbst herausfinden, welche Sorten seine Salmler mögen und trotzdem auch solche Futterarten anbieten, die von den Fischen eventuell weniger gern verzehrt werden, um für die notwendige Abwechslung zu sorgen.

Auch Flockenfutter pflanzlichen Ursprungs ist im Handel erhältlich. Zusätzlich kann für Pflanzenfresser mit weiteren Sorten experimentiert werden, hier müssen vor allem überbrühter Salat, Spinat, gelber oder roter Paprika sowie junge Erbsen als mögliche Beispiele genannt werden. Diese können in frischem Zustand angeboten werden, in den meisten Fällen bietet es sich jedoch an, dieses Futter kurz zu kochen, damit es wei-

cher wird. Leider betrachten manche Salmler, beispielsweise Rautenflecksalmler, auch die Aquarienpflanzen als Futter; deshalb sind sie nicht im Pflanzenaquarium haltbar.

Tip: **Durch eine abwechslungsreiche Ernährung mit den notwendigen Anteilen pflanzlichen Ursprungs kann die Aquarienpflanzenpracht meist vor pflanzenfressenden Salmlern geschützt werden.**

Auch Algen können - so unschön sie für den Aquarianer sind - eine große Rolle bei der Fischernährung und für das ökologische Gleichgewicht im Aquarium spielen. Deshalb brauchen Algen in der Zuchtanlage nicht bekämpft zu werden. Für das schöne Wohnzimmeraquarium gilt dies selbstverständlich nicht.

Rote Neon-,
Paracheirodon
axelrodi, *und*
Neonsalmler. P.
innesi, *sind zur
Zeit sicherlich
mit Abstand
die beliebte-
sten Aquarien-
fische. Um die
Schwarmfische
angemessen zu
pflegen, ist es
wichtig, sie in
schön be-
pflanzten
Aquarien un-
terzubringen.
Der auffällige
Sumatrafarn,*
Ceratopteris
thalictroides, *ist
eigentlich eine
Schwimmpflan-
ze. Er kann
aber auch ein-
gepflanzt kulti-
viert werden.
Der Sumatra-
farn ist schnell-
wüchsig und
sehr anpas-
sungsfähig,
also eine ideale
Aquarien-
pflanze.
Fotos: Piednoir*

Pflanzen für das Salmleraquarium

Obwohl es nicht wenige Pflanzen- und Allesfresser unter den Salmlern gibt, ist in den Vorstellungen der Aquarianer das „typische" Salmleraquarium ein dicht bepflanztes grünes Aquarium. Ob es sich dabei um eine einfache Pflanzensammlung, ein Holländisches Pflanzenaquarium oder um ein Japanisches Naturaquarium handelt, ist den Neigungen des Aquarianers überlassen und kann hier offen bleiben.

Tip: In jedem Fall macht es mehr Freude, die Salmler in einem schön eingerichteten Aquarium als in einem kahlen „Glaskasten" zu pflegen.

Vorausgesetzt, es handelt sich bei den gepflegten Salmlern nicht um Pflanzenfresser, dann sind für solch ein geplantes Aquarium nahezu alle Wasserpflanzenarten geeignet. Für das sogenannte Biotopaquarium kommen naturgemäß nur Arten aus Afrika oder Süd- und Mittelamerika infrage - je nach Herkunft der Salmler. Selbstverständlich muß es sich bei den Pflanzen für die Salmlerpflege um Weichwasserpflanzen oder ökologisch sehr tolerante Arten handeln. Aber nicht alle Salmler müssen in extrem weichem Wasser gehalten werden, und entsprechend der Salmlergesellschaft kann sich die Pflanzengesellschaft ausrichten. Die meisten sogenannten Biotopaquarien müßten in vielen Fällen ohnehin besser Regionalaquarien genannt werden, weil ja in der Regel Organismen aus einem bestimmten geographischen Raum zusammengebracht werden.

Hinweis: Echte Biotope können unter Aquarienbedingungen kaum nachempfunden werden, vor allem wenn es sich um Schwarzwasserlebensräume handelt.

Eine Thailändische Hakenlilie, Crinum thaianum, *im großen Salmleraquarium.*

23

Ein Aquarium mit feinem weißen Sand, viel Moorkienholz und viel ins Wasser gefallenem Laub der Landpflanzen ist zumindest als Wohnzimmeraquarium nicht sinnvoll nachzuvollziehen. In Zuchträumen sind solche Schwarzwasseraquarien aber machmal zu sehen.

Für das Salmlergesellschaftsaquarium, wobei „Gesellschaft" auch im Sinne der Wasser- und Sumpfpflanzen gemeint ist, eignen sich zahlreiche Arten. Da es einige gute Aquarienpflanzenbücher gibt, wird an dieser Stelle auf die Nennung einzelner Arten verzichtet.

Krankheitsvorsorge

Die wichtigste Grundregel betrifft den ausschließlichen Kauf von gesunden Fischen. Salmler, die sich an Gegenständen scheuern, die Flossen klemmen oder gar Beläge auf den Schuppen oder den Augen aufweisen, dürfen auf keinen Fall erworben werden. Auch abstehende Schuppen, Wunden, aufgetriebene Körper, schaukelnde oder ruckartige Körper- und Schwimmbewegungen sind sichere Krankheitsmerkmale. Im Zweifelsfalle ziehe der Aquarianer am besten einen erfahrenen Kollegen zu Rate oder befrage seinen Zoofachhändler.

Es sei empfohlen, neu erstandene Pfleglinge zwei bis drei Wochen unter Quarantäne zu halten, ehe sie mit anderen Tieren zusammen gehalten werden. In der Realität erscheint dies oft nicht durchführbar oder zu aufwendig. Da auch äußerlich gesund erscheinende Fische durch den Fang und Transport sowie die veränderte Umgebung gestreßt und damit krankheitsanfälliger sind, kommt es immer wieder vor, daß neue Fische Krankheiten einschleppen und schließlich den gesamten Bestand infizieren.

> **Achtung:** Da das Vorbeugen leichter als eine verspätete Heilung ist, können auch mögliche Erkrankungen der Salmler durch Vorbeugung vermieden werden.

Von den zahlreichen Erkrankungen, die Salmler befallen können, können hier nicht alle genannt werden. Im Falle der Erkrankung der Fische oder schon des Verdachts, muß ein gutes Buch über Fischkrankheiten oder der Zoofachhändler konsultiert werden.

Die Amazonasschwertpflanzen der Gattung Echinodorus sind aufgrund der teilweise gemeinsamen Herkunft oft auch gut zur gemeinsamen Pflege geeignet. Leider werden manche der Amazonasschwertpflanzen für gewöhnliche Aquarien viel zu groß. Eine optimal wachsende Vegetation im Aquarium sorgt für eine gute Wasserqualität und fördert dadurch auch eine gute Krankheitsvorsorge bei den gepflegten Fischen.
Foto: Piednoir

Leider gehören die Salmler zu den Fischen, die für eine größere Anzahl von Krankheiten besonders anfällig sind. Nicht alle können zufriedenstellend behandelt werden, viele sind aber - rechtzeitig erkannt - keine große Gefahr für die Fische.

Grundsätzlich gilt, daß Krankheiten oft typische Schwächekrankheiten sind, also dann auftreten, wenn der Fisch bereits vorgeschädigt ist. Optimale Haltungsbedingungen helfen Krankheiten vorzubeugen.

Weißpünktchenkrankheit

Selbst in Aquarien, in denen über lange Zeiträume kein neuer Fisch eingesetzt wurde, kann es, beispielsweise nach einem Wasserwechsel, zum Ausbruch der Weißpünktchenkrankheit, *Ichthyophthirius multifiliis*, kommen. Die Erreger dieser Krankheit setzen sich in der Haut der Fische fest und bilden dort etwa 1 mm große weiße Kapseln, die mit dem bloßen Auge gut erkannt werden können. Nach einigen Tagen werden daraus Schwärmer frei, die im freien Wasser schwimmen und sich schließlich auf der Haut und den Kiemen der Fische ansiedeln, dort neue Kapseln bilden und den Fisch letztendlich so stark schwächen, daß er stirbt. Zwischen dem Ausbruch der Krankheit und dem Tod der Fische vergehen aber immer mehrere Tage, deswegen kann der Krankheit durch eine regelmäßige Beobachtung und - bei Ausbruch - sofortiger Behandlung vorgebeugt werden. Ist es zur Infektion gekommen, besteht zunächst kein Grund zur Besorgnis. Der Fachhandel bietet ausreichend geeignete Medikamente oder Medizinalfutter an, von denen immer eines für Notfälle vorrätig gehalten werden muß.

Samtkrankheit

Insbesondere junge Salmler sind gegen die Samtkrankheit, *Oodinium pillularis*, empfindlich. Diese Krankheit ist etwas schwieriger als *Ichthyophthirius* zu erkennen, denn die Erreger sitzen als kleine, deutlich unter 1 mm große (also viel kleiner als bei der Weißpünktchenkrankheit) Pünktchen auf der Haut. Befallene Salmler schaukeln, scheuern sich an Gegenständen, klemmen die Flossen und fressen schlecht. Unbehandelt führt die Krankheit zum Tode. Der Fachhandel hat auch hier gut wirkende Medikamente. Außerdem wirkt gelegentlich - zumindest vorübergehend - eine Salzzugabe zum Aquarienwasser hemmend auf die weitere Ausbreitung. Zehn Gramm Salz pro Liter Aquarienwasser (ein gut gehäufter Teelöffel) muß es allerdings schon sein. Nach Abklingen der Krankheit muß dann allerdings möglichst bald ein größerer Wasserwechsel durchgeführt werden, sonst leiden die Pflanzen.

Fischtuberkulose

Bauchwassersucht, Glotzaugen, Schuppensträube, Fischtuberkulose - das Erscheinungsbild vieler bakterieller Infektionen ist oft nicht eindeutig erkennbar. Salmler, die plötzlich dick werden, deren Schuppen abstehen, die unlustig im Wasser stehen und nicht mehr

Oben:
Hyphessobryc-
on griemi.
Foto: Tavernier

Unten: *Die
Höhlensalmler
werden heute
der Art* Astya-
nax fasciatus
*zugeordnet.
Zwar müssen
sie nicht zwin-
gend im Dun-
keln gehalten
werden, doch
kommt es bei
der Pflege im
Hellen leicht
zu solchen
krebsartigen
Geschwüren.
Diese können
nachträglich
nicht mehr be-
handelt werden.
Durch einen so-
fortigen Zucht-
ansatz kann
der Bestand
aber gerettet
werden, weil es
sich ja nicht um
eine übertrag-
bare Krankheit
handelt.
Foto: Schmidt*

fressen, können an verschiedenen bakteriellen Infektionen leiden. Aber auch
starke Abmagerung, Wirbelsäulenverkrümmung, Glotzaugen und Flossen-
fäule sind Anzeichen der verschiedensten bakteriellen Infektionen. Sie haben
zwei Dinge gemeinsam: Erstens sind es
typische Schwächeparasiten, sie werden also den Fischen meist nur dann
gefährlich und kommen zum Ausbruch,
wenn die Haltungsbedingungen ungün-
stig sind. Zweitens hat die Behandlung
kaum Aussichten auf Erfolg. In einem
frühen Stadium können im Fachhandel
erhältliche Mittel (z. B. mit Nifurpirinol)
wirksam sein. Stärker befallene Fische
müssen unbedingt entfernt und
schmerzlos (z. B. im Gefrierschrank)
abgetötet werden. Vor allem Fische
mit Wirbelsäulenverkrümmung haben

in einem Schau- oder Zuchtaquarium
nichts zu suchen.

Erbschäden

Gelegentlich treten unter den Nachzuchten viele Fische mit einem bestimmten Körperschaden auf, etwa einer ver-
krümmten Wirbelsäule oder fehlenden
oder verkümmerten Flossen. Ursache
dieser Erscheinung ist manchmal In-
zucht. In einem solchen Fall müssen
dann blutsfremde Fische der gleichen
Art eingekreuzt werden und die geschä-
digten Salmler, möglichst auch deren
Elternfisch, sind aus der Zucht heraus-
zunehmen. Eine medikamentöse Behandlung ist bei ungünstigen Veränderungen des Erbmaterials nicht möglich.
Manchmal werden aber Mißbildungen
als genetische Schäden fehlgedeutet,
und tatsächlich handelt es sich hingegen
sehr oft um Aufzucht- oder Haltungs-
fehler. Diese treten dann bei der Weiter-
zucht unter verbesserten Bedingungen
nicht wieder auf.

Salmler gehören zusammen mit den Amerikanischen Messerfischen und den Karpfenfischen in die große Gruppe der Karpfenartigen, Ordnung Cypriniformes. Einige Wissenschaftler zählen auch die Welse zu dieser Gruppe.
Viele Salmler, wie dieser Schwarze Neon, Hyphessobrycon herbertaxelrodi, zeichnen sich durch reflektierende leuchtfarbige Signale in der Haut aus, die unter schlechten Sichtbedingungen dem besseren Schwarmzusammenhalt dienen.
Foto: Aqualife Taiwan

Die Familie Characidae umfaßt inzwischen mehr als 1400 Arten, von denen viele in der Aquaristik bekannt sind.

Der Name Salmler wurde aufgrund einer oberflächlichen Ähnlichkeit mit den Forellenartigen vergeben, zu denen auch der Lachs zählt, der regional ebenfalls unter dem Namen „Salm" bekannt ist. Mit den Forellenartigen haben die Salmler auch die sogenannte Fettflosse gemeinsam, das ist eine kleine Flosse, die sich im Rückenbereich zwischen der Rücken- und der Schwanzflosse befindet. Trotz dieser Gemeinsamkeit sind die Salmler oder Characoiden nicht näher mit den Forellenartigen verwandt. Zudem besitzen nicht alle Salmler diese Fettflossen.

Die Fettflosse haben die Salmler auch mit den Welsen gemeinsam. Auch bei den Welsen gibt es Arten, denen die Fettflosse fehlt.

Im Gegensatz zu den Forellenartigen sind die Salmler entfernt mit den Welsen verwandt und werden gemeinsam mit den Karpfenfischen sowie den amerikanischen Messerfischen zu den cypriniformen Fischen zusammengefaßt.

Salmler, Karpfenfische und Welse haben das Webersche Organ gemeinsam - eine Struktur aus Knöchelchen -, das die Schwimmblase mit dem Innenohr verbindet und den Fischen ein sehr gutes Hörvermögen verleiht.

Etliche in der Aquaristik bekannte Salmlerarten reflektieren das Licht in einigen Hautbereichen. Diese Fähigkeit basiert auf einem Guanin genannten Pigmentstoff und dient der Abgabe von optischen Signalen in Gewässern, die so trübe oder dunkel sind, daß die Sichtweite nicht mehr als 20 oder 30 cm beträgt. So gelingt es den in Schwärmen lebenden Fischen, andere Mitglieder

Die Salmler

Dieses dicht bepflanzte Aquarium ist ein gutes Beispiel dafür, daß die Aquarienpflanzen keinesfalls nach regionalen Kriterien ausgewählt werden müssen. Hier wurden Amerikanische, Afrikanische und Asiatische Pflanzen vereint, und auch die Salmlergesellschaft stammt aus Südamerika und Afrika. Dennoch gibt das Bild eine attraktive Artengemeinschaft wieder, in der sich Fische und Pflanzen offensichtlich wohl fühlen.
Foto: Piednoir

ihrer Art zu erkennen und den Schwarm zusammenzuhalten.

Die Unterordnung der Salmlerartigen ist in mehrere Familien unterteilt, über deren genaue Zahl sich die verschiedenen Wissenschaftler bis heute nicht einig sind. In diesem Buch werden vor allem Arten aus den aquaristisch bedeutsamen Familien herausgegriffen. Sicher sind auch weitere Familien interessant, wie beispielsweise der, eine eigene Familie, Hepsetidae, vertretende Afrikanische Hechtsalmler, *Hepsetus odoe*. Diese Art vertritt das Beispiel einer Elternfamilie bei Salmlern und bringt ihre Eier in einem Schaumnest unter! Die Aufzählung aller Besonderheiten der Salmler, deren Erforschung besonders in verhaltensbiologischer Hinsicht erst in den Anfängen steckt, kann im begrenzten Rahmen dieses Buchs natürlicherweise nicht erfolgen.

Die Fortpflanzung der Salmler

Die Zucht vieler dauerlaichender Salmler kann durchaus auch im nicht zu dicht besetzten Gesellschaftsaquarium gelingen. Foto: Piednoir

Die meisten Salmler und Salmlerähnlichen sind der Gruppe der Freilaicher zuzuordnen. Von ihnen werden während des Laichvorgangs Laich und Spermien direkt in das Wasser abgegeben. Da die Zeit der Befruchtungsfähigkeit der Spermien im Wasser sehr begrenzt ist, sind besondere Verhaltensmechanismen zur schnellstmöglichen Befruchtung der Eier ausgebildet.

Die meisten Salmler sind Schwarmfische. Trotzdem erfolgt das Ablaichen in der Regel paarweise, wozu sich die Partner in der Regel vom Schwarm absondern. Gelegentlich kann das Ablaichen eines Paars weitere Paare zum Ablaichen animieren, wobei optische Auslöser, aber auch von den Fischen ins Wasser abgegebene Pheromone eine Rolle spielen können.

Achtung: **Oft sind es bei wiederholtem Ablaichen die gleichen Partner, die erneut zueinander finden.**

Die Zuchtformen der meisten Arten zeigen das gleiche Fortpflanzungsverhalten wie die Wildformen. Das trifft auch auf die Trauermantelsalmleralbinos, Gymnocorymbus ternetzi, *zu. Manchmal sind die Zuchtformen allerdings empfindlicher und anspruchsvoller als die Wildformen. Foto: Aqualife*

Echte, dauerhafte Paarbindungen sind aus der Salmlerverwandtschaft bisher aber nicht bekannt. Andererseits ist ein echtes Ablaichen im Schwarm - wobei zu den einzelnen Laichakten die Partner beliebig wechseln - bei Salmlern ebenfalls nur selten zu finden.

Bei vielen freilaichenden Salmlerarten wird die Balz, also das Laichvorspiel zur Abstimmung der Partner, durch ein Ander-Seite-Schwimmen eröffnet. Meist werden dabei alle Flossen segelartig abgespreizt. Es gibt jedoch artspezifische Variationen in der Ausprägung der Balz. Auch schwimmen nur wenige Arten dabei geradlinig. Zick-Zack-Schwimmen oder spiralige Schwimmbahnen sind jeweils arttypisch oder können als Gruppenmerkmale betrachtet werden. Vor, während oder nach der Parallelbalz ist es üblich, daß ein Partner - sein Geschlecht ist jeweils ebenfalls artspezifisch festgelegt - oder beide Partner sich gegenseitig an die Körperflanken, insbesondere in die Analregion stupsen. Die einzelnen Elemente der Balz können in unterschiedlicher Form mehrfach wiederholt werden, danach ist es meist das Männchen, welches durch Führungsschwimmen mit auf und ab wippenden unpaaren Flossen dem Weibchen vorausschwimmt.

*Kongosalmler
galten früher
als schwer zur
Fortpflanzung
zu bringende
Salmler. Seitdem
bekannt ist,
daß es sich um
Dauerlaicher
handelt, die
zwar täglich
ablaichen, aber
nur wenige Eier
legen, hat sich
dies geändert.
Foto: Piednoir*

Hinweis: Das Führungsschwimmen wird in Bezug auf Salmler in der Aquarienliteratur auch „Locktanz" genannt.

Das Führungsschwimmen des Salmlermännchens ist meist auf das spätere Laichsubstrat ausgerichtet. Es gibt aber auch zahlreiche Salmlerarten, die frei im Wasser laichen, oder bei denen das Männchen führt, später aber an einem völlig anderen Ort abgelaicht wird. Deshalb kann nicht bei allen Arten von einem echten Führungsschwimmen ausgegangen werden, und der Begriff Locktanz ist in Bezug auf die Salmlerverwandtschaft als sinnvoller einzustufen. Zum Beginn folgt das Weibchen dem Männchen meist noch nicht, und so versucht das Männchen, es durch weiteres Stupsen und Balzen zu stimulieren. Dem später folgenden Weibchen schwimmt das Männchen an die Seite, und daraufhin erfolgt die Paarung, wobei die Partner sich in der Regel zuerst aneinander pressen, was bei einigen Arten durch kleine Häkchen auf Schuppen oder in einigen Flossen der Männchen erleichtert wird, und dann unter Abgabe von Geschlechtsprodukten mit kräftigen Schwanzschlägen voneinander fortschnellen.

Die meisten Salmlerarten drehen sich dabei zudem beim Ablaichen noch um die Körperachsen, wodurch Eier und Spermien durcheinander gewirbelt und gut vermischt werden, was eine hohe

Befruchtungsrate sichert und dazu führt, daß der Laich schnell zwischen Pflanzenbestände und in andere Substrate geschleudert wird. Beim so versteckten Laich ist die Wahrscheinlichkeit höher, daß er der Aufmerksamkeit von Laichräubern entgeht. Bei einigen Arten legen sich die Partner zur Paarung nicht nur einfach Seite an Seite, wie es vorwiegend bei den hochrückigen Arten der Fall ist, sondern das Männchen umschlingt seine Partnerin in der Bauchregion.

Hinweis: **Die Lagen der Körperachsen, welche die Salmler bei ihren Drehungen erreichen, sind jeweils art- oder gruppenspezifisch.**

Die Balzmerkmale der Arten sind oft so spezialisiert, daß sie eine Kreuzung verschiedener nahe verwandter Arten unterbinden, weil die unterschiedlichen Körperhaltungen der artverschiedenen Partner nicht zueinander passen würden, ähnlich wie ein Schlüssel nur im passenden Schloß schließt. Deshalb können bei vielen Arten die Balz- und Ablaichelemente als Artmerkmale zur Bestimmung benutzt werden, und aus der Analyse dieser Elemente lassen sich auch Rückschlüsse auf die Verwandtschaft der Arten ziehen. Leider ist das Fortpflanzungsverhalten vieler Salmler noch nicht genau bekannt. Selbst von Arten, die wiederholt unter menschlicher Obhut gezüchtet wurden, ist oft das Paarungsverhalten nur ungenau

Roter Piranha, Pygocentrus nattereri.
*Die Piranhas laichen bevorzugt über vom Männchen von Pflanzen befreiten Flächen, in der Nähe von dichten Wasserpflanzenbeständen.
Foto: Piednoir*

33

beschrieben, weil viele Hobbyaquarianer den Schwerpunkt auf die Zucht- und Aufzuchtbedingungen legen.

> **Aus der Verwandtschaft der Salmler und Salmlerartigen sind nur wenige brutpflegende Arten bekannt.**

Mit zunehmender Kenntnis über die wenig erforschten Salmler kommen aber immer mehr brutpflegende Arten hinzu. Brutpflege kennen wir vor allem von Crenuchidae-, Lebiasinidae- und Serrasalmidae-Arten. Die spezialisierten Drachenflosser, Glandulocudinae, mit - bei einigen Arten - innerer und Vorratsbefruchtung fallen dabei etwas aus dem Rahmen und sind nicht genau einzuordnen.
Als Beispiele werden im Folgenden die Voraussetzungen zur Salmlerzucht an zwei Beispielen dargestellt. Weiteres zur Fortpflanzung der Salmler kann den in der Einleitung genannten Büchern entnommen werden.

Zitronensalmler

Hyphessobrycon pulchripinnis ist ein Vertreter der Salmler. Die hierunter zusammengefaßten Fische besitzen eigentlich keine als typisch zu bezeichnende Körperform; es läßt sich aber festellen, daß die meisten Characiden einen relativ langgestreckten, stromlinienförmigen Körperbau haben. Zudem sind es meist schwimmfreudige Fische, die in der Regel in sauberem Schwarzwasser zuhause sind. Das Vorhandensein konischer Zähne ist ein Merkmal fast aller Salmlerarten.

*Der Zitronensalmler, Hyphessobrycon pulchripinnis, ist wenig anspruchsvoll. Er benötigt lediglich ein sauberes und weiches Wasser, bei schwach saurem pH-Wert, und ein mittelgroßes Aquarium. Meist genügt ein Aquarium ab 80 cm Länge für den doch recht kleinen Fisch. Allerdings darf dabei nicht vergessen werden, daß der Zitronensalmler, wie alle anderen Hyphessobrycon-Arten auch, ein geselliger Fisch ist. Es müssen also mindesten sechs Fische gepflegt werden.
Foto: Piednoir*

Die wissenschaftliche Erstbeschreibung von *Hyphessobrycon pulchripinnis* durch AHL geht bereits auf das Jahr 1937 zurück, als nämlich die ersten lebenden Zitronensalmler nach Europa gelangten. Seitdem stand der Fisch der Aquaristik fortdauernd zur Verfügung. Obwohl nicht sonderlich farbenprächtig - vor allem dann nicht, wenn seine Ansprüche nicht befriedigt werden -, wird der Fisch also seit Jahrzehnten in Aquarien gepflegt und gehört somit zum Standardangebot des Aquarienfachhandels. Hier macht er nicht selten in mit hellem Quarzkies als Bodengrund ausgestatteten, ansonsten jedoch kahlen Verkaufsbehältern einen wenig prachtvollen Eindruck. Trotzdem muß sich der Zitronensalmler mit seinen vier Zentimetern leuchtendem Zitronengelb keinesfalls hinter den meisten anderen Vertretern seiner Familie verstecken.

Der Körper wirkt praktisch durchsichtig, etwas abgeflacht und entspricht damit dem häufigsten bei Salmlern anzutreffenden Schema. In der Prachtfärbung sind die Fische besonders attraktiv. Die Afterflosse leuchtet dann zitronengelb und besitzt einen schwarzen Saum. Sie läuft vorne in einem attraktiv gelb gefärbten Zipfel aus. Die Rückenflosse ist ähnlich gestaltet und gefärbt. Die Brust-, Schwanz- und Bauchflossen sind mehr oder weniger durchscheinend oder hellgelb. Auch die Fettflosse ist gelblich. Die obere Hälfte der Iris des großen Auges strahlt in einem herrlichen Rot, welches sehr schön mit der Gesamtfärbung harmoniert.

Zur Gemeinschaftshaltung ist ein Aquarium von ungefähr einhundert Litern Inhalt und 80 cm Länge bereits bestens geeignet. Der Zitronensalmler ist wenig anspruchsvoll und auch hinsichtlich des zur Verfügung stehenden Raumangebots recht anpassungsfähig. Es mag argumentiert werden, daß 80 cm bereits eine ganz ansehnliche Größe für den doch recht kleinen Fisch sind, allerdings darf keinesfalls vergessen werden, daß *H. pulchripinnis*, wie viele andere *Hyphessobrycon* auch, ein geselliger Fisch ist. Demzufolge muß er stets in einer Gruppe von mindestens sechs Fischen gepflegt werden. Wird dies nicht berücksichtigt, dann hat der Aquarianer nur wenig Freude an diesem Fisch.

Eine Vergesellschaftung mit anderen Salmlern ist durchaus möglich, und so steht dem Nachempfinden eines kleinen Stücks Amazoniens zuhause kaum etwas im Wege. In einem kleinen 80 cm-Aquarium lassen sich bis zu zwanzig Exemplare etwa vier Zentimeter großer Fische unterbringen. Diese können eine einzelne Art repräsentieren, so daß ein Artaquarium entsteht, oder - bei gleicher Individuenzahl und Größe - drei oder vier verschiedene Arten, um ein Gesellschaftsaquarium zu bevölkern. Beide Möglichkeiten sind gleich gut geeignet und werden lediglich vom Geschmack des betreffenden Aquarianers bestimmt. Soll mehr als eine Art gepflegt werden, so ist zu beachten, daß das Temperament der Mitbewohner nicht dem unserer Salmler zuwider läuft; das heißt friedfertige, nicht aggressive Fische sind zu bevorzugen.

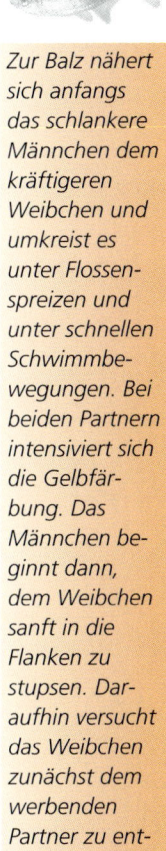

Zur Balz nähert sich anfangs das schlankere Männchen dem kräftigeren Weibchen und umkreist es unter Flossenspreizen und unter schnellen Schwimmbewegungen. Bei beiden Partnern intensiviert sich die Gelbfärbung. Das Männchen beginnt dann, dem Weibchen sanft in die Flanken zu stupsen. Daraufhin versucht das Weibchen zunächst dem werbenden Partner zu entkommen. Doch das Männchen wiederholt seine Werbung mehrfach, bis das Weibchen die Balz akzeptiert oder flüchtet.
Foto: Piednoir

Zitronensalmler mögen relativ strömungsreiches Wasser, gegen welches sie anschwimmen können. Eine Umwälzleistung in Höhe des zweifachen Wasservolumens pro Stunde scheint daher das richtige Maß darzustellen. Die Fische schätzen das auf diese Weise stark mit Sauerstoff angereicherte und saubere Wasser. Dessen ungeachtet sind regelmäßige Teilwasserwechsel unerläßlich. Unter Umständen und abhängig von der Größe des Aquariums muß im Sommer eine zusätzliche Sauerstoffversorgung angeschlossen werden. Die idealen Wassertemperaturen für den Zitronensalmler liegen zwischen 22 und 25 °C. Steigen die Werte über 28 °C, leiden die Fische sichtlich.

Wird die Art in zu hartem Wasser gehalten, zeigt sie nurmehr blasse Farben. Ein pH-Wert zwischen 6,5 und 7,0 ist ihrem Wohlbefinden hingegen förderlich, und im Idealfall liegt die Gesamthärte in der Größenordnung von 5 bis 15 °dH. Genau wie viele andere Salmler tolerieren auch Zitronensalmler erheblich härteres Wasser, jedoch muß von vornherein daran gedacht werden, daß sie ja vielleicht eines Tages vermehrt werden sollen. Deshalb muß von Anfang an für die bestmöglichen Verhältnisse gesorgt werden. Mit etwas Beobachtungsgabe ist es einfach, bei *Hyphessobrycon pulchripinnis* die Geschlechter zu unterscheiden. Das Männchen zeichnet sich neben seiner schlankeren Gestalt und dem flacheren Bauch auch dadurch aus, daß der schwarze Saum der Afterflosse deutlich intensiver ist. Im Gegensatz dazu haben

Weibchen einen rundlicheren Bauch. Unter guten Haltungsbedingungen sollten schon bald Balzhandlungen erkennbar sein. In der Fachliteratur ist unter der Überschrift Zitronensalmler immer wieder der Hinweis zu finden, daß die Vermehrung schwierig sei. Dies ist aber überhaupt nicht zutreffend. Der Fisch pflanzt sich bei einigen Aquarianern sogar im Quarantäneaquarium fort. Allerdings ist - wie sich denken läßt - das Ursprungswasser für solche Aquarien bereits aus dem Wasserhahn sehr weich. Das ist für Zuchtversuche unbedingt zu berücksichtigen.

Der wichtigste Faktor für die Nachzucht ist die Karbonathärte. Sie muß sehr niedrig sein und darf maximal in der Größenordnung von 2 bis 3 °dKH liegen. Es ist daher von entscheidender Bedeutung, abgestandenes Wasser zu verwenden und das vielleicht 30 Liter fassende Zuchtaquarium im Verlauf von wenigstens zwei Wochen „einzufahren"; erst dann werden die zur Zucht ausgewählten Fische eingesetzt. Hierzu eignen sich acht bis zwölf Monate alte Exemplare am besten, denn die stehen sozusagen in der Blüte ihres Lebens und sollten für gesunden Nachwuchs sorgen. Eine ideale Konstellation besteht aus sechs Fischen, nämlich zwei Männchen und vier Weibchen. Um eine möglichst saubere Umgebung zu gewährleisten, enthält das Zuchtaquarium keinerlei Bodengrund, damit sich ansammelnder Detritus effektiv abgesaugt werden kann. Mögen die Fische schon keine Schadstoffe, so trifft das um so mehr auf ihre

Beim Ablaichen der Zitronensalmler im Gesellschaftsaquarium wechseln die Partner nur selten untereinander. Auch nach Unterbrechungen der Laichakte finden die Partner in einer Laichphase meist wieder zusammen. Foto: Aqualife Taiwan

Eier zu! Stattdessen bedeckt eine etwa 10 cm hohe Schicht aus Javamoos den Boden des Aquariums. Hierdurch werden die Eier nicht nur dem ewigen Hunger der Elternfische entzogen, sie werden auch vor hellem Licht abgeschirmt. Ein kleines Stück Fasertorf wirkt als natürliches Fungizid und verringert die Gefahr, daß die Eier durch Pilzbefall verderben. Das Aquarium wird an drei Seiten abgedeckt, so daß nur noch eine Schmalseite Einblick gewährt. Dies trägt dem erstaunlichen Umstand Rechnung, daß sowohl die Eier als auch die Larven dieser Fische lichtempfindlich sind. Die sehr schwache Filterung wird mittels einer Luftpumpe und eines Filters mit Ausströmer bewerkstelligt; letzterer erhält eine Füllung mit feinporigen Ton- oder Siporax-Röhrchen.

Für die folgenden zehn Tage sind nun die Fische völlig in Ruhe und auch unbeobachtet zu lassen, damit sie ihrem Laichgeschäft ungestört nachgehen können. Während dieser Zeit erhalten die Adulten ausschließlich Salinenkrebsnauplien als Futter. Nach Ablauf der zehn Tage werden sie wieder herausgefangen und in ihr eigentliches Aquarium zurückgesetzt oder in ein ähnlich gestaltetes Zuchtaquarium überführt, wo sie weiterhin ablaichen können. Besser ist jedoch ersteres, um die Fische wieder gut anzufüttern.

Es kommt immer wieder vor, daß in solchen dicht bepflanzten Gesellschaftsaquarien auch einige Jungfische heranwachsen. Foto: Piednoir

Die winzigen, durchsichtigen Eier sind im Javamoos gut aufgehoben. Bei einer Temperatur von 24 °C schlüpfen sie nach etwa 36 Stunden. Anfangs ist es ziemlich schwierig, zwischen einem Ei und einer Larve zu unterscheiden. Der Unterschied ist eigentlich äußerst einfach - ein „Ei" mit einem Schwänzchen, das kreiselnd zur Oberfläche aufsteigt, ist tatsächlich ein Jungfisch. Spätestens dort angekommen, sollte es einfach sein, die Larven schließlich zu entdecken, wenngleich sie immer noch sehr unauffällig sind und es schon einer guten Sehschärfe und auch ein wenig Erfahrung bedarf.

Im Alter von fünf Tagen wird das Stadium des ersten freien Schwimmens erreicht. Die täglichen Fütterungen erfolgen mit kleinsten Mengen *Artemia*-Larven, stets mit der Absicht, das Wasser nicht über Gebühr zu belasten. Schließlich ist einer, dann zwei, schließlich zehn der praktisch völlig durchsichtigen und somit bestens getarnten Jungfische von einem halben Zentimeter Länge mit dicken orangefarbenen Bäuchen zu erkennen.

Durch den abwechselnden Besatz von zwei Zuchtaquarien kann eine erhebliche Vermehrung des Bestands erzielt werden; vielleicht nicht in bedeutendem Maßstab, dafür aber sehr regelmäßig. Ein Durchschnitt von 15 bis 20 Jungfischen pro Monat ist nicht schlecht für einen Fisch, der als schwierig nachzuzüchten gilt. Der große Vorteil bei dieser Vorgehensweise ist, daß der Aquarianer sich nicht den Kopf über ein geeignetes Erstfutter zerbrechen muß. Schon ein bis zwei Tage, nachdem der Dottervorrat aufgebraucht ist, zeigen sich die jungen *Hyphessobrycon pulchripinnis* als gierige *Artemia*-Nauplien-Vertilger.

In der Folgezeit ist ein schnelles Wachstum zu beobachten. Schon im Alter von ein bis zwei Monaten sind die Farben völlig ausgebildet. Im dritten Monat haben die Jungfische bereits eine Länge von drei Zentimetern und ähneln ihren Eltern wie ein Ei dem anderen. Bereits etwa ein halbes Jahr später erreichen die Zitronensalmler ihre Geschlechtsreife. Sie werden über drei Jahre alt.

*Der Kupfer-
salmler, Hase-
mania nana,
zählt zu den
wenigen leicht
zu züchtenden
Salmlerarten. Er
ist zwar nicht
gerade bunt,
zeigt aber den-
noch attraktive
Pastellfarben.
Foto: Piednoir*

*Ein balzendes
Federsalm-
lerpaar,
Hyphessobry-
con copelandi.
Ihr Fortpflan-
zungsverhalten
ähnelt dem der
Zitronen-
salmler.
Foto: Aqualife
Taiwan*

Der Schwarze Phantomsalmler, Megalamphodus megalopterus, *ist ein ungewöhnlicher Salmler. Zwar besitzt das Männchen den prächtigeren Flossenschmuck, aber das Weibchen ist erheblich bunter. Foto: bede-Verlag*

Schwarzer Phantomsalmler

Megalamphodus megalopterus, der Schwarze Phantomsalmler, weist bei der Balz - wie jeder Salmler - ein paar kleine Besonderheiten auf, denn bei diesem Schwarmfisch ist das Weibchen farbiger als das Männchen. Allerdings hat das Männchen weitaus großflächigere Flossen. Die *Megalamphodus*-Arten sind gesellige Fische, die meist die Nähe von Artgenossen suchen. Dennoch achtet jeder Fisch auf einen kleinen Individualabstand zu seinem Nachbarn. In zu beengten Verhältnissen in kleinen Aquarien kann es zu regelrechten Raufereien zwischen den Fischen kommen, wobei auch durchaus einmal eine Schuppe verloren gehen kann oder der Flossenschmuck der Fische ein wenig zerzaust wirkt. Zum Ablaichen sondert sich allerdings das Männchen von der Gruppe ab, und zur Paarung motivierte Weibchen suchen dieses gezielt auf. Oft ist das Weibchen in der Balz aktiver. Das Weibchen schwimmt in die Nähe des Männchens und führt auffällige zuckende Bewegungen mit den ansonsten weit gespreizten Flossen aus. Der so imponierende Partner versucht auch durch Flossenwedeln den anderen zu motivieren. Nicht laichbereite Partner werden mit dem Maul in die untere Kiemendeckel- und Bauchregion gestupst. Bald darauf umkreisen sich die Fische erneut mit gespreizten Flossen. Wie bei den meisten Fischen ist die Färbung jetzt deutlich intensiver. Auch die sonst fast durchsichtigen Flossen sind dann tiefschwarz oder rot. Auch Führungsschwimmen gehört zur Balz des Phantomsalmlers, es wird vom jetzt aktiveren Männchen ausgeführt. Dabei schwimmt es vom Weibchen aus auf eine geeignete Laichpflanze zu. In weiterer Folge beginnt das Männchen zu treiben und drängt seine Partnerin in die Nähe der Pflanzen. Dann schmiegt sich das Pärchen unter zitternden, auf- und abklappenden Flossenbewegungen an die Pflanzen. Geradeaus schwimmend, mit nur geringen zick-zack-artigen Richtungsabweichungen, schnellen die Partner unter Abgabe von Eiern und Spermien davon. Unter seitlichen Schwanzschlägen trennen sich die Beiden anschließend und wirbeln dabei die befruchteten Eier vornehmlich in das Wasserpflanzendickicht. Je Laichakt werden bis zu 30 Eier abgelaicht, insgesamt kann ein kräftiges Weibchen in der zweistündigen Laichphase über 300 Eier abgeben. Wie bei den *Hyphessobrycon*-Arten, mit denen die *Megalamphodus*-Arten nahe verwandt sind (von einigen Wissenschaftlern werden sie sogar in eine gemeinsame Gattung gestellt), schlüpfen die Larven sehr schnell, nach etwa einem Tag; sie benötigen aber mehrere weitere Tage zum Aufzehren des Dottersacks. Erst nach etwa fünf oder sechs Tagen schwimmen die winzigen Jungfische frei. Die weitere Entwicklung verläuft ähnlich wie bei den Zitronensalmlern.

Gegeneinander imponierende Phantomsalmlerweibchen (oben). Die Männchen (u.) führen - mit bei der Balz weit gespreizten Flossen - laichwillige Weibchen vom Schwarm fort, um im Wasserpflanzendickicht mit ihnen abzulaichen.
Foto: Schmidt

Rote Hundssalmler, Acestrorhynchus altus, *sind große Räuber und nur für die Pflege in großen Schauaquarien geeignet. Abgesehen von ihrer Größe und ihrem hohen Futterbedarf stellen sie allerdings wenige Ansprüche an den Pfleger. Foto: Aqualife*

Roter Hundssalmler

Art: *Acestrorhynchus altus* MENEZES, 1969 (35 cm).

Verbreitung: Südamerika, in Amazonien und im Paraguaybecken.

Lebensraum: Alle Gewässertypen, vor allem aber in großen Fließgewässern.

Aquarium: Große Aquarien ab 2 m Länge oder etwa 700 l Inhalt. Jeder Salmler braucht mindestens einen Unterstand, unter den er sich bei Bedarf zurückziehen kann.

Wasser: 20-26 °C, pH-Wert 5-7, 2-20 °dGH; das Wasser muß sauber und klar sein.

Nahrung: Räuber, der Hundssalmler verzehrt nicht nur Fische, sondern auch andere Nahrung tierischen Ursprungs.

Fortpflanzung: Freilaicher, näheres ist bisher nicht bekannt geworden.

Besonderheiten: Es handelt sich um einen großen Raubfisch, der nur mit etwa gleichgroßen Artgenossen oder anderen großen und robusten Fischen vergesellschaftet werden kann.

Mein Tip: Dieser Salmler ist kaum für die Pflege im Heimaquarium geeignet. Das ist auch nicht nötig, weil es andere, kleinere und ähnlich gestaltete Salmler gibt, die ebenfalls eine rote, signalfarbige Schwanzflosse besitzen und viel besser für die Aquaristik geeignet sind. Der Rote Hundssalmler ist ein typisches Beispiel für jene Fische, die aufgrund ihrer interessanten Färbung oder Gestalt immer wieder als Jungfische importiert werden, die aber für die Aquaristik - zumindest im gewöhnlichen Heimaquarium zu Hause - kaum geeignet sind.

Der Prachtkopf-steher, Anostomus anostomus, ist ein äußerst interessanter Fisch, über den es noch viel herauszufinden gilt.
Foto: Schmidt

Es ist erstaun-lich, daß die Zucht der Kopf-steher, hier Anostomus tae-niatus, unter menschlicher Obhut immer noch nicht gelungen ist.
Foto: Aqualife

Prachtkopfsteher

Art: *Anostomus anostomus* (MEUSCHEN, 1778) (15 cm).

Verbreitung: Südamerika, in Amazonien; in Brasilien, aber auch in Guayana, Kolumbien und Venezuela.

Lebensraum: Der Salmler lebt in den kleineren Nebengewässern der großen Tropenströme in turbulenteren und stark strömenden Bereichen. Hier halten sich die Prachtkopfsteher aber meist in geschützten Verstecken auf.

Aquarium: Größere Aquarien ab 1 m Länge oder 160 l Inhalt. Eine dichte Bepflanzung ist für das Wohlbefinden der Prachtkopfsteher wichtig.

Wasser: 20-28 °C, pH-Wert 5-7, 2-16 °dGH.

Nahrung: Allesfresser, kleine Nahrung.

Fortpflanzung: Unbekannt; vermutlich ist die Zucht noch nicht gelungen, weil die Fische in der Natur in extrem strömungsreichen Biotopen leben.

Der Rubinsalmler, Aphyocharax rathbuni, ist eine attraktive kleine Art, die gut in Gesellschaftsaquarien mit kleinen Fischen paßt.

Rubinsalmler

Art: *Aphyocharax rathbuni* EIGENMANN, 1907 (5 cm).
Verbreitung: Südamerika, im Rio Paraguay.
Lebensraum: Alle Gewässertypen.
Aquarium: Obwohl es sich um einen klein bleibenden Salmler handelt, sollte er im Schwarm mit mindestens zwölf Artgenossen in größeren Aquarien ab 1 m Länge oder 160 l Inhalt gepflegt werden.
Wasser: 20-26 °C, pH-Wert 5-7, 2-20 °dGH.
Nahrung: Allesfresser, also alle ins relativ kleine Maul der Salmler passenden Futtersorten.
Fortpflanzung: Freilaicher.
Zucht: Ein kleines Aquarium ab 40 cm Länge genügt für den Ansatz eines Paars. Es muß mit einem Laichrost und einem Bündel feinfiedriger Wasserpflanzen ausgestattet sein sowie weiches und mineralarmes Wasser enthalten.
Zur Fortpflanzung motivierte Rubinsalmlermännchen sind sehr aktiv. Das Männchen schwimmt gezielt auf ein Weibchen mit Laichansatz zu und überschwimmt es oder versucht an seine Seite zu gelangen. Später treibt das Männchen das Weibchen an der Oberfläche entlang. Nach einiger Zeit ist auch das Weibchen laichbereit und es läßt das Männchen an seine Seite gelangen. Nach einer kurzen Umschlingung schnellen die Partner, unter Abgabe der Geschlechtsprodukte, über die Wasseroberfläche hinaus. Je Paarung werden zehn bis 20 Eier abgelaicht, in Ausnahmefällen kann ein Weibchen in einer Laichphase über 500 der winzigen Eier ablaichen. Innerhalb von 30 Stunden schlüpfen die Larven, welche aber erst nach fünf weiteren Tagen frei schwimmen.

Der wenig farbige Augenflecksalmler, Aphyocharax paraguayensis, wird trotz seiner Unscheinbarkeit häufig gepflegt; vor allem, weil er relativ problemlos zu halten ist.
Fotos: Aqualife

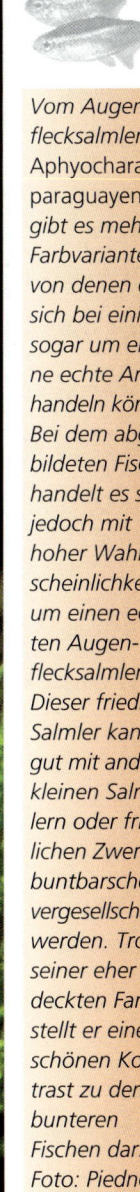

Vom Augen-
flecksalmler,
Aphyocharax
paraguayensis,
gibt es mehrere
Farbvarianten,
von denen es
sich bei einigen
sogar um eige-
ne echte Arten
handeln könnte.
Bei dem abge-
bildeten Fisch
handelt es sich
jedoch mit
hoher Wahr-
scheinlichkeit
um einen ech-
ten Augen-
flecksalmler.
Dieser friedliche
Salmler kann
gut mit anderen
kleinen Salm-
lern oder fried-
lichen Zwerg-
buntbarschen
vergesellschaftet
werden. Trotz
seiner eher ge-
deckten Farben
stellt er einen
schönen Kon-
trast zu den
bunteren
Fischen dar.
Foto: Piednoir

Bei diesem
Salmler handelt
es sich um eine
noch unbe-
schriebene Art
vom Rio Acanti.
Der Fisch ist als
„Astyanax sp.
Rio Téfè" im
Handel, er
stammt aber
wahrscheinlich
aus dem Rio
Acanti.
Foto o.: Tavernier
Foto r.: Schmidt

48

Téfè-Salmler

Art: *Astyanax* sp. (4,5 cm).

Verbreitung: Südamerika, in Kolumbien, in kleinen Zuflüssen des Rio Acanti.

Lebensraum: Kleine Klar- und Schwarz-wasserbäche.

Aquarium: Aquarien ab etwa 1 m Länge oder 160 l Inhalt sind für eine kleine Gruppe aus mindestens zwölf Fischen gut geeignet.

Wasser: 22-26 °C, pH-Wert 5-7, 2-12 °dGH.

Nahrung: Allesfresser, bevorzugt tieri-sches Lebendfutter, auch Gefrierfutter.

Fortpflanzung: Freilaicher über Wasser-pflanzen. Gelaicht wird paarweise oder in kleinen Gruppen.

Zucht: Ein kleines Aquarium ab 40 cm Länge genügt für den Ansatz eines Paars.

Besonderheiten: Wahrscheinlich handelt es sich bei diesem Fisch gar nicht um einen *Astyanax*, sondern um *Hyphesso-brycon ecuadoriensis*.

Höhlensalmler

Art: *Astyanax fasciatus mexicanus* (CUVIR, 1819) (9 cm).

Verbreitung: Mittelamerika, in Mexiko. Die bunte Stammform ist von Texas bis Kolumbien weit verbreitet.

Lebensraum: Der Höhlensalmler lebt in Höhlenfließgewässern. Die Reduktion der Augenfunktionen - bis hin zur völligen Blindheit - ist von der Nähe zum Höhlenausgang und den Kreuzungsmöglichkeiten mit der Stammform abhängig.

Aquarium: Größere Aquarien ab 1 m Länge oder 160 l Inhalt.

Wasser: 20-26 °C, pH-Wert 6-8, 4-25 °dGH.

Nahrung: Allesfresser.

Fortpflanzung: Freilaicher an Gesteinsspalten oder frei über dem Boden.

Zucht: Ein kleines 20 l-Aquarium genügt für den Ansatz eines Paars. Die Jungen schlüpfen nach drei Tagen und schwimmen drei weitere Tage später frei.

Mein Tip: Der friedliche Höhlensalmler kann vergesellschaftet werden, doch ist dann darauf zu achten, daß er genügend Futter abbekommt.

Pfeffersalmler

Art: *Axelrodia stigmatias* (FOWLER, 1913) (3 cm).

Verbreitung: Südamerika, in Amazonien.

Lebensraum: Nur im Schwarzwasser.

Aquarium: Der kleine Salmler fühlt sich auch im Klarwasser wohl, wird also am besten im dicht bepflanzten Aquarium mit weichem und saurem Wasser gepflegt.

Wasser: 22-26 °C, pH-Wert 5-6,5, 2-8 °dGH.

Oben: Der Höhlensalmler, Astyanax fasciatus mexicanus, *ist ein ungewöhnlicher Salmler. Foto: Piednoir*
Unten: Axelrodia stigmatias. *Foto: Aqualife*

Nahrung: Allesfresser, bevorzugt jedoch kleines Lebend- und Gefrierfutter wie Mükkenlarven, *Cyclops*, Wasserflöhe und *Artemia*-Nauplien. Zwar verzehren die Salmler auch Flocken- oder Granulatfutter und dieses ist zeitweise als Ersatznahrung geeignet, doch können sie allein damit nicht dauerhaft gesund erhalten werden.

Fortpflanzung: Freilaicher, näheres wurde bisher nicht bekannt.

Zucht: Weil die Art an Schwarzwasser angepaßt ist, dürfte die Zucht recht problematisch sein.

Mein Tip: Die friedliche, aber empfindliche Art kann nur mit anderen kleinen Fischen mit ähnlichen Ansprüchen vergesellschaftet werden; die Haltung im Artaquarium ist sehr empfehlenswert.

Afrikanischer Mondsalmler

Art: *Bathyaethiops breuseghemi* (POLL, 1945) (7 cm).

Verbreitung: Westafrika, im Kongobecken.

Lebensraum: Lebt im Klar- und Schwarzwasser in kleinen Bächen.

Aquarium: Größere Aquarien ab 1 m Länge oder 160 l Inhalt, mit dichter Bepflanzung und etwas abgedunkelt.

Wasser: 20-26 °C, pH-Wert 5-7, 2-16 °dGH.

Nahrung: Allesfresser, Lebendfutter.

Fortpflanzung: Freilaicher an Pflanzen.

Zucht: Ein kleines Aquarium ab 40 cm Länge genügt für den Ansatz eines Paars. Ein Laichrost und ein Pflanzenbündel sind obligatorisch.

Besonderheiten: Ein schöner, aber leider nur selten importierter Salmler.

Mit seinem roten Fleck an der Basis der Rückenflosse ist der Afrikanische Mondsalmler, Bathyaethiops breuseghemi, *ein attraktiver Aquarienfisch, der leider nur selten nach Europa gelangt.*
Foto: Piednoir

Blauer Perusalmler

Art: *Boehlkea fredcochui* GÉRY, 1966 (5 cm).
Verbreitung: Südamerika, in Kolumbien und Peru.
Lebensraum: In den großen Tropenströmen und vor allem deren schwarzwasserführenden Seitengewässern.
Aquarium: Der schwimmaktive Salmler sollte in größeren und dicht bepflanzten Aquarien ab 1 m Länge oder 160 l Inhalt gepflegt werden.
Wasser: 22-26 °C, pH-Wert 5-7, 2-16 °dGH.
Nahrung: Allesfresser, Lebendfutter.
Fortpflanzung: Freilaicher an Pflanzen.
Zucht: Ein kleines Aquarium ab 40 cm Länge genügt für den Ansatz eines Paars. Für einen effektiven Zuchtansatz müssen die Partner zuvor etwa zehn Tage getrennt gehalten und gut ernährt werden. Ein Laichrost über dem Boden verhindert, daß sich die Salmler an ihrem Laich vergreifen, und ein Büschel Javamoos oder andere feinfiedrige Pflanzen dienen als Laichsubstrat. Bei 24 °C Wassertemperatur schlüpfen die Larven bereits nach zwei Tagen, aber erst drei Tage später schwimmen sie frei. Jetzt müssen die Jungen mit feinem Lebendfutter wie Pantoffel- oder Rädertierchen ernährt werden. Erst nach einer Woche dürfen den winzigen Jungen zusätzlich *Artemia*-Nauplien gereicht werden. Die kleinen Salmler wachsen nur langsam und reagieren äußerst empfindlich auf schlechtes Wasser und zu abrupte Änderungen der Wasserwerte.
Besonderheiten: Nur in qualitativ hochwertigem Wasser zeigen die Fische ihre Farbe, deshalb wirken sie im Händleraquarium meist recht blaß.

Der Blaue Perusalmler, Boehlkea fredcochui, ist ein prächtiger Aquarienfisch. Da er sehr sauerstoffbedürftig und somit transportempfindlich und außerdem schwer zu züchten ist, ist er nur selten im Zoohandel zu finden.
Foto o.: Aqualife
Foto u.: Schmidt

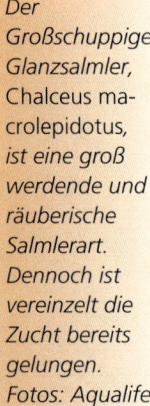

Der große Süd-
amerikanische
Forellensalmler,
Brycon cepha-
lus, *ist nur
eingeschränkt
für die Aquari-
stik geeignet.*

Südamerikanischer Forellensalmler

Art: *Brycon cephalus* (GÜNTHER, 1869) (20 cm).
Verbreitung: Südamerika, in Amazonien.
Lebensraum: Alle Gewässertypen.
Aquarium: Selbst größere Aquarien ab 1 m Länge oder 160 l Inhalt sind lediglich für Jungfische geeignet. Für einen kleinen *Brycon cephalus*-Schwarm wird mindestens ein 2 m langes Aquarium benötigt, um eine artgerechte Unterbringung der schwimmfreudigen Fische zu gewährleisten.
Wasser: 20-26 °C, pH-Wert 5,5-7,8, 2-25 °dGH.
Nahrung: Allesfresser; vor allem tierisches Futter, da er ein Räuber ist.
Fortpflanzung: Freilaicher, näheres wurde bisher nicht bekannt.
Mein Tip: Der große und relativ farblose Salmler ist kaum für die Aquaristik geeignet und sollte nur von Spezialisten, die über große Aquarien verfügen, erworben werden.

Großschuppiger Glanzsalmler

Art: *Chalceus macrolepidotus* CUVIER, 1817 (25 cm).
Verbreitung: Südamerika, in Amazonien, in Brasilien und den Guyana-Ländern.
Lebensraum: Alle Gewässertypen.
Aquarium: Größere Aquarien ab 1,2 m Länge oder 300 l Inhalt.
Wasser: 20-26 °C, pH-Wert 5-7, 2-16 °dGH.
Nahrung: Räuber, der Fisch verzehrt fast nur Nahrung tierischen Ursprungs.
Fortpflanzung: Freilaicher.
Zucht: Ein großes Aquarium ab 100 cm Länge wird für den Ansatz eines Paars mit Laichrost und Javamoos als Laichsubstrat hergerichtet. Die Zucht ist bisher nur vereinzelt gelungen (Bilder zur Zucht s.: Ratgeber Salmler, S. 89-91).
Besonderheiten: Diese Salmler können mit gut 20 Jahren relativ alt werden.
Mein Tip: Die Art ist nur für den speziell interessierten Aquarianer geeignet, da sie groß wird und räuberisch lebt. Deshalb sind auch nur große Fische zur Vergesellschaftung geeignet.

Der
Großschuppige
Glanzsalmler,
Chalceus ma-
crolepidotus,
*ist eine groß
werdende und
räuberische
Salmlerart.
Dennoch ist
vereinzelt die
Zucht bereits
gelungen.*
Fotos: Aqualife

Der Spritzsalmler, Copeina arnoldi (manchmal auch Copella arnoldi genannt), zeigt ein ungewöhnliches Fortpflanzungsverhalten, denn er laicht an Blättern, die über der Wasseroberfläche hängen. Die Eier werden vom Männchen durch Bespritzen feucht gehalten; die Larven fallen direkt ins Wasser. Foto: Piednoir

Spritzsalmler

Art: *Copeina arnoldi* REGAN, 1912 (8 cm).
Verbreitung: Südamerika, in Guyana.
Lebensraum: In ruhigen, kleinen Seitengewässern der großen Ströme.
Aquarium: Mittlere Aquarien ab 80 cm Länge oder 100 l Inhalt.
Wasser: 22-28 °C, pH-Wert 6-7,5, 2-14 °dGH.
Nahrung: Allesfresser, Lebendfutter.
Fortpflanzung: Substratlaicher an über dem Wasser hängenden Blättern.
Zucht: Ein kleines Aquarium ab 60 cm Länge genügt für den Ansatz eines Paars, das Aquarium sollte jedoch nur halb gefüllt oder mit einem gläsernen Aufsatz versehen sein; auch ein Paludarium ist sehr gut geeignet. Die Fische springen nebeneinander aus dem Wasser und geben ihre Geschlechtsprodukte am Blatt ab. Die Eier bleiben dort kleben und werden vom Männchen betreut, indem es sie mit Flossenbewegungen bespritzt, so daß sie nicht austrocknen können. Die schlüpfenden Larven fallen direkt ins Wasser.
Besonderheiten: Das Fortpflanzungs- und Brutpflegeverhalten des Spritzsalmlers ist sehr ungewöhnlich und sei jedem Aquarianer zur Beobachtung empfohlen.

Der Hujeta-
Hechtsalmler,
Ctenolucius
hujeta, ist ein
Räuber, der sich
bevorzugt von
Fischen ernährt.
Im Aquarium
nimmt er auch
Insektenlarven
und andere Tie-
re, doch müs-
sen zusätzlich
immer auch
Futterfische an-
geboten wer-
den, um ihn
dauerhaft
gesund zu
erhalten.
Foto o.:
bede-Verlag
Foto u.:
Aqualife

Hujeta-Hechtsalmler

Art: *Ctenolucius hujeta* (VALENCIENNES, 1850) (20 cm).

Verbreitung: Südamerika, in Amazonien.

Lebensraum: Alle Gewässertypen, bevorzugt in ruhigeren Seitengewässern.

Aquarium: Größere Aquarien ab 1,2 m Länge oder 300 l Inhalt, dicht bepflanzt und vor allem mit Wasserpflanzen gut strukturiert.

Wasser: 22-28 °C, pH-Wert 5-7, 2-22 °dGH.

Nahrung: Räuber, vor allem Fische.

Fortpflanzung: Diese Raubsalmler laichen frei, dicht unter der Wasseroberfläche.

Zucht: Die Zucht erfolgt am besten im normalen Haltungsaquarium. Ein Teil der geschlüpften Larven kann abgeschöpft und gesondert aufgezogen werden. Es ist nicht sinnvoll, viele Jungfische - die kaum ernährt werden können - aufzuziehen. Wenige Junge entwickeln sich unter geräumigeren Platzverhältnissen im Aquarium viel besser.

Besonderheiten: Es gibt eine weitere Art, *C. beani*, die bis zu 70 cm lang werden soll.

Mein Tip: Nur wer über eine gute Fischzuchtanlage verfügt, sollte sich an diesen Salmler wagen, denn der Kauf von Futtertieren wird auf Dauer relativ teuer.

Der Lususso-Geradsalmler, Distichodus lususso, *ist eine prächtige Salmlerart, die jedoch bis zu 40 cm lang werden kann. Der Salmler ist ein ausgesprochener Pflanzenfresser.*

Der Zebra-Geradsalmler, Distichodus sexfasciatus, *wird hingegen „nur" etwa 25 cm lang. Fotos: Piednoir*

Zebra-Geradsalmler

Art: *Distichodus sexfasciatus* BOULEN-GER, 1897 (25 cm).
Verbreitung: Westafrika, im Zairebecken und in Angola.
Lebensraum: Alle Gewässertypen.
Aquarium: Große Aquarien ab 2 m Länge oder mindestens 700 l Wasserinhalt.
Wasser: 22-26 °C, pH-Wert 6-7,5, 2-20 °dGH.
Nahrung: Pflanzenfresser; Geradsalmler können deshalb nicht in bepflanzten Aquarien gepflegt werden.
Fortpflanzung: Freilaicher.
Zucht: Die Zucht ist im Aquarium noch nicht gelungen.
Besonderheiten: Als Jungfische sind diese Salmler, die hin und wieder als Wildfänge importiert werden, sehr attraktiv. Doch verblassen diese Farben mit zunehmendem Alter etwas und die Hal-

tung erwachsener Geradsalmler ist sehr schwierig, da sie viel Platz benötigen.
Mein Tip: Nur wer über ein wirklich großes Aquarium verfügt, sollte sich diese Fische zulegen.

Der Zweipunkt-Raubsalmler, Exodon para-doxus, ist ein attraktiver Fisch, der von einigen Salmlerspezialisten sogar schon gezüchtet wurde. Dafür müssen diese Salmler in größeren Gruppen mit mindestens zwölf Artgenossen gepflegt werden, damit sich die Aggressionen verteilen. Dann kann eine dauerhafte Pflege erfolgreich sein. Ja, wenn eine solche Gruppe miteinander beschäftigt ist und die Fische gut ernährt sind, dann kann sogar eine Vergesellschaftung möglich sein.
Foto o.: Piednoir
Foto r.: Aqualife

Zweipunkt-Raubsalmler

Art: *Exodon paradoxus* MÜLLER & TROSCHEL, 1845 (15 cm).
Verbreitung: Südamerika, in Amazonien, Brasilien und Guyana.
Lebensraum: Alle Gewässertypen.
Aquarium: Größere Aquarien ab 1 m Länge oder 200 l Inhalt.
Wasser: 22-26 °C, pH-Wert 5-7, 2-20 °dGH.
Nahrung: Räuber; wenn die Beute nicht ganz verschlungen werden kann, dann werden ihr Stücke herausgebissen. Deshalb ist eine Vergesellschaftung im Aquarium kaum möglich.
Fortpflanzung: Freilaicher zwischen den Wasserpflanzenbeständen.
Zucht: Ein mittleres Aquarium ab 60 cm Länge genügt für den Ansatz eines Paars.
Besonderheiten: Die Raubsalmler sind auch innerartlich äußerst aggressiv, so daß es bereits bei den Jungfischen Verluste geben kann.

Mein Tip: Obwohl die Jungfische recht attraktiv wirken, sind diese Raubsalmler nur mit großen Einschränkungen für die Aquaristik geeignet.

Das Gebiß von Hydrocynus lineatus, *eines echten räuberischen Salmlers.* Foto: Piednoir

Die Silberbeil-
bäuche, Gaste-
ropelecus ster-
nicla, sind - ih-
rer Körperform
entsprechend -
oberflächenori-
entierte Fische,
die bevorzugt
von Anflugnah-
rung leben.
Dennoch neh-
men die Fische
auch aus dem
Wasser feines
Lebendfutter
auf.
Da die Fische
sehr gut sprin-
gen, muß das
Aquarium
absolut dicht
abgedeckt sein,
sonst springen
sie bei der er-
sten Gelegen-
heit heraus.
Foto: Piednoir

Silberbeilbauchsalmler
Art: *Gasteropelecus sternicla* (LINNAEUS,
1758) (6,5 cm).
Verbreitung: Südamerika, in Amazonien,
in Brasilien, Guayana und Surinam.
Lebensraum: Lebt in kleinen Seitengewässern der Tropenströme.

Aquarium: Größere Aquarien ab 1 m
Länge oder 160 l Inhalt.
Wasser: 22-27 °C, pH-Wert 5-7, 2-16 °dGH.
Nahrung: Verzehrt kleine, auf die Wasseroberfläche gefallene Insekten sowie kleine Wassertiere; nimmt im Aquarium aber
auch Trocken- und Granulatfutter.

Zucht: Die Zucht ist sehr schwierig und gelingt nur mit sehr gut ernährten Fischen in sehr großen und dicht bepflanzten Aquarien. Das Wasser muß leicht sauer, pH-Wert 5 bis 6, und mineralarm, bis 6 °dGH und bis 4 °KH, sein. Die Larven schlüpfen nach etwa einem Tag aus den winzigen Eiern, aber erst nach fünf weiteren Tagen schwimmen sie frei. Die Jungfische benötigen zunächst winzigstes Lebendfutter, wie Rädertierchen, als Erstfutter. Erst etwa drei Tage später vermögen sie auch Salinenkrebsnauplien zu bewältigen. Aber auch die weitere Aufzucht ist sehr schwierig und erfordert eine sehr gute Wasserqualität, bei gleichzeig reichlicher Fütterung.

Besonderheiten: Die Beilbauchsalmler haben ihre besondere Körperform in Anpassung an das Leben an der Wasseroberfläche entwickelt. Mit Hilfe der kräftig entwickelten Bauchmuskulatur und den großflächigen Brustflossen vermögen sich die Fische von der Oberfläche abzuschnellen und einige Meter weit zu segeln. Dieses Verhalten dient weniger dem Beuteerwerb als vielmehr der Flucht vor Freßfeinden.

Mein Tip: Das Beilbauchaquarium sollte nur zu etwa zwei Dritteln mit Wasser gefüllt sein, damit die Fische auch springen können. Gleichzeitig muß das Aquarium ganz dicht abgedeckt sein, da die Fische beim Springen auch die winzigste Lücke erwischen, und dann auf dem Teppich verenden würden.

Ein unbekannter Beilbauch, wahrscheinlich eine gelbliche Zuchtform von Gasteropelecus sternicla.
Foto: Aqualife

Fortpflanzung: Nach einer längeren Balz, bei der vor allem die Männchen aktiv sind, laichen die Fische paarweise bevorzugt an den Unterwasserblättern von Schwimmpflanzen und an anderer, den Fischen geeignet erscheinender, feinfiedriger Vegetation.

Trauermantelsalmler

Art: *Gymnocorymbus ternetzi* (BOU-LENGER, 1895) (6 cm).

Verbreitung: Südamerika, in Bolivien, im Rio Paraguay und Rio Guaporé.

Lebensraum: In allen Gewässertypen.

Aquarium: Größere Aquarien ab 1 m Länge oder 160 l Inhalt.

Wasser: 20-26 °C, pH-Wert 5-7, 2-16 °dGH.

Nahrung: Allesfresser, bevorzugt jedoch Nahrung tierischen Ursprungs.

Fortpflanzung: Die Paare laichen an feinen Wasserpflanzen oder anderen feinen Substraten.

Zucht: Ein kleines Aquarium ab 40 cm Länge genügt für den Ansatz eines Paars.

Die rosafarbe-ne Zuchtform des Trauerman-tels, Gymno-corymbus ter-netzi, *wirkt nicht sonder-lich attraktiv. Foto: Plednoir*

Rechts: *Ein Trauermantel-salmlerschwarm. Foto: bede-Verlag*

Es ist schon ungewöhnlich, daß bisher nur wenige Aquarianer diesen Fisch beim Ablaichen beobachteten. Trotz-dem ist die Fortpflanzung der gepfleg-

Zwei gegenein-
ander imponie-
rende Trauer-
mantelmänn-
chen der schlei-
erflossigen
Zuchtform.
Ein selbst gezo-
gener Schwarm
Trauermantel-
salmler im
bepflanzten
Aquarium ist
immer ein
besonderer
Anblick.
Foto: Plednoir

ten Fische der Sinn der meisten unserer Bemühungen. Die Erklärung für diesen Widerspruch liegt darin, daß *Gymnocorymbus ternetzi* eine jener Arten
ist, mit der viele Salmlerfreunde ihre ersten Zuchterfahrungen sammeln, das intensive Beobachten aber meist erst dann
interessant wird, wenn Erfolge eintreten.
Sofern die Trauermäntel wenigstens fünf
Monate alt sind, laichen sie gewöhnlich
auch im Gesellschaftsaquarium ab, ohne
daß besondere, Kopfschmerzen berei-
tende Kunstgriffe seitens des Pflegers
nötig wären. Sollen die Jungen auch aufgezogen werden, was lohnend und interessant ist, dann muß ein Pärchen aus-
gewählt werden, das bereits deutlich
zeigt, daß die Fische aneinander interessiert sind. Die Partner werden für eine
Woche separiert und großzügig mit
Lebendfutter und Futterflocken ernährt.

Sobald der Bauch des Weibchens deutlich runde Formen angenommen hat,
werden die beiden in ein Aquarium von
vielleicht 40 cm Länge umgesetzt, in dem
sich unbenutztes Altwasser weicher bis
mäßig harter (bis 16 °dGH, aber maximal 4 °KH) Qualität befindet.
Die Einrichtung dieses Zuchtaquariums
muß vor allem funktionell sein und
sicherstellen, daß so wenig Eier wie möglich den Elternfischen zum Opfer fallen.
Hierzu existieren zwei Möglichkeiten:
Das „klassische" Zuchtaquarium, in dem
eine 5 bis 10 cm dicke Lage Javamoos
möglichst die gesamte Bodenfläche ab-
deckt. Oder das Kunstboden-Aquarium,
in dem die gesamte Bodenfläche mit
Glasmurmeln oder einem Laichrost ausgelegt wird, in deren Zwischenräume
die Eier fallen können. Auch hier wird
ein Büschel Javamoos eingebracht, das

Im Alter geht leider die intensive Schwarzfärbung der Flossen zurück. Foto: Schmidt

den Fischen die nötige Sicherheit vermittelt und gleichzeitig als Laichsubstrat dient.

In jedem der beiden Fälle wird das Zuchtbecken auf drei Seiten zugeklebt, um das einfallende Licht auf ein Minimum zu reduzieren. Den ersten Tag nach dem Einsetzen verbringen die Fische mit dem Erkunden der neuen Umgebung. Danach ist das Männchen dann nur noch an dem Weibchen interessiert. Es verfolgt es und versucht es durch Führungsschwimmen in das Dickicht des Javamoosbüschels zu locken. Ist das Weibchen dann schließlich zum Ablaichen bereit, so folgt es ihm willig. Das Männchen drückt gegen die Flanken des Weibchens, und es findet das Ablaichen statt. Die Eier werden in sehr rascher Folge ausgestoßen. Sie sind winzig und transparent, und ihre Anzahl kann bei einem 5 cm großen Weibchen um 2000 Stück betragen.

Sobald das Ablaichen beendet ist, werden die beiden Fische wieder herausgefangen und in ihr ursprüngliches Aquarium zurückgesetzt, um ein Auffressen der Eier zu verhindern. Nun wird auch noch die vierte Seite des Zuchtbeckens zugeklebt. Die Larven schlüpfen nach 24 Stunden, sind jedoch anfangs nur mit Mühe zu erkennen. Sie zeigen wenig Bewegung, sind nahezu durchsichtig und verbringen ihre gesamte Zeit mit dem Resorbieren ihrer Dottervorräte. Nach Ablauf von sechs Tagen haben sie sich zu frei schwimmenden Jungfischen weiterentwickelt, die sich zwei weitere Tage später gierig über

Artemia salina-Nauplien hermachen. Daß sie fressen, ist leicht daran zu erkennen, daß sie rosa gefärbte, gut gerundete Bäuche aufweisen. Anfangs empfiehlt es sich, nicht zu viele Nauplien auf einmal anzubieten, da hierbei die Gefahr besteht, daß die nicht gefressenen absterben, in Verwesung übergehen und das Wasser belasten. Dies ist einer der Hauptgründe für den „plötzlichen und unerwarteten" Verlust von Jungfischen, bei deren Aufzucht ansonsten alles korrekt erschien. Es ist jetzt möglich, einige Schnecken in das Aquarium einzusetzen, die Futterreste verwerten und somit bei der Aufrechterhaltung der Wasserqualität helfen.

Nach einem Monat sind die Jungfische bereits auf 1 cm Länge herangewachsen, so daß es an der Zeit ist, sie in ein Aufzuchtaquarium von 80 cm Länge zu überführen. Nur in einer solchen Umgebung können sie sich auch weiterhin ungehindert entwickeln. Bei einer guten Ernährung mit Mikrowürmern, fein zerkleinerten Mückenlarven und Staub-Trockenfutter, die der Größe der kleinen Mäuler angepaßt sind, entwickeln die Jungfische eine erstaunliche Widerstandsfähigkeit.

Kupfersalmler

Art: *Hasemania nana* (LÜTKEN ex REIN-HARDT, 1875) (5 cm).

Verbreitung: Südamerika, in Brasilien, im Rio San Francisco und Rio Purus, nebst Nebenflüssen.

Lebensraum: Alle Gewässertypen.

Aquarium: Aquarien ab 60 cm Länge oder etwa 80 l Inhalt.

Wasser: 20-28 °C, pH-Wert 5-7, 2-20 °dGH.

Nahrung: Allesfresser.

Fortpflanzung: Freilaicher an Pflanzen.

Zucht: Zur erfolgreichen Zucht des Kupfersalmlers gibt es - wie bei allen Salmlern - mehrere mögliche Vorgehensweisen. Die erste besteht darin, die Elternfische einfach in ihrem Gesellschaftsaquarium zu belassen. Dies setzt natürlich voraus, daß es sich dabei um ein relativ großes Aquarium handelt, dessen Fischbesatz eher gering und das dicht genug bepflanzt ist, um Eier und Jungfische gut zu verbergen. Die Eltern schwimmen dann über den Pflanzen und laichen dort ab, so daß die Eier in das Dickicht sinken. Nach dem Schlüpfen bietet diese Vegetation dann den Jungfischen den erforderlichen Schutz. Bei dieser Methode ergibt sich zwangsläufig die Notwendigkeit, daß große Mengen von für die Jungfische geeignetem Futter - etwa frisch geschlüpfte *Artemia*-Nauplien oder Infusorien - in das Aquarium eingebracht werden müssen. Das Ergebnis sind schließlich einige Jungfische, die der Freßgier ihrer Eltern und anderer Bewohner des Aquariums entgehen konnten. Die zweite Vorgehensweise besteht in der Verwendung eines vielleicht 40 Liter Wasser fassenden Zuchtaquariums, das mit einem Gitterrost auf dem Boden und Pflanzen (z. B. Javamoos) ausgestattet ist. Hieraus werden die Elternfische entfernt, sowie sie mit dem Ablaichen fertig sind.

Die dritte und von mir bevorzugte Methode ist jedoch ein etwa 60 Liter großes Aquarium, das mit weichem Wasser mit

Einen solchen schönen großen Kupfersalmlerschwarm, Hasemania nana, *kann man am besten durch eigene Nachzuchten erhalten.*
Foto: Piednoir

*Über feinfiedri-
gen Wasser-
pflanzen - wie
Limnophila -
laichen die
Kupfersalmler
besonders gern
ab.
Foto: Schmidt*

einem pH-Wert von 6,8 und einer Temperatur von 25 °C gefüllt ist. Dieser Behälter muß einen unbedeckten oder mit Sand ausgestatteten Boden haben; in letzterem Fall könnte dieser nach vorne hin abfallend gestaltet sein. Das Zuchtaquarium weist dichte Bestände von Javamoos auf, und die Filterung erledigt ein Innenfilter mit Schaumstoffpatrone, wodurch verhindert wird, daß versehentlich Jungfische mit eingesaugt werden. Dann ein Weibchen mit einem vielversprechend dicken Bauch und ein Männchen - das diesem deutlich den Hof macht - aus dem Gesellschaftsaquarium herausfangen und in das Zuchtaquarium umsetzen. Das Pärchen benötigt etwa zwei Tage, um sich an die neue Umgebung zu gewöhnen und laicht dann gewöhnlich in der Dämmerung des übernächsten Tages ab. Die Partner begeben sich dazu in das Dickicht des Javamooses. Bei jedem Mal gibt das Weibchen einige Eier ab, die vom Männchen sofort befruchtet werden. Nach Beendigung des Ablaichens müssen beide Fische aus dem Aquarium entfernt werden, damit sie sich nicht an ihrem Nachwuchs vergreifen können.

Die Entwicklungsdauer beträgt etwa 24 Stunden, kann sich jedoch bei niedrigeren Wassertemperaturen auch auf 36 Stunden verlängern. Die Jungfische sind nur mit Mühe zu erkennen, denn sie sind völlig durchsichtig. Nachdem sie ihre Dottervorräte völlig aufgebraucht haben, begeben sie sich auf die Suche nach ihrem ersten Futter, nämlich Tümpelplankton, Infusorien und Rädertier-

chen. Im Alter von einer Woche schwimmen sie nach Futter suchend frei umher und können nun auch frischgeschlüpfte *Artemia*-Nauplien bewältigen. Zu diesem Zeitpunkt läßt sich erstmals die Größe des Geleges feststellen, und die Jungen können gezählt werden, die nun anhand ihrer gefüllten und dadurch orange schimmernden Bäuche besser zu erkennen sind. Während dieser Phase müssen sie einerseits unbedingt ausreichende Mengen Futter erhalten, andererseits muß verhindert werden, daß das Wasser verschmutzt wird. Drei Wochen nach dem Schlupf kann auch erstmals Trockenfutter angeboten werden, dessen Partikel jedoch so klein sein müssen, daß sie in das winzige Maul passen. Mit vier oder fünf Wochen haben die Jungfische dann eine Größe erreicht, in der sie das gleiche Futter wie die Erwachsenen bewältigen können.

*Weibchen mit
Laichansatz
sind am etwas
fülligeren
Bauch zu er-
kennen, anson-
sten sind die
Geschlechter
nur schwer
unterscheidbar.
Foto: Aqualife*

Der Gelbe Kongosalmler, Hemigrammopetersius caudalis, ist ein prächtiger Salmler, der in einer größeren Gruppe, die aus mindestens zwölf Fischen besteht, gepflegt werden muß.
Foto: Piednoir

Gelber Kongosalmler

Art: *Hemigrammopetersius caudalis* (BOULENGER, 1899) (7 cm).
Verbreitung: Westafrika, im Stanley Pool/ im unteren Kongo und seinen Nebenflüssen.
Lebensraum: Alle Gewässertypen.
Aquarium: Größere Aquarien ab 1 m Länge oder 160 l Inhalt.
Wasser: 20-26 °C, pH-Wert 6-8, 4-20 °dGH.
Nahrung: Allesfresser, vor allem Futter tierischen Ursprungs, nimmt auch problemlos Flocken und andere Futtersorten.
Fortpflanzung: Freilaicher über feinen Wasserpflanzen.
Zucht: Ein kleines Aquarium, ausgestattet mit Laichrost und einer Handvoll Javamoos, ab 40 cm Länge genügt für den Ansatz eines Paars; auch der Gruppenansatz in größeren Aquarien ab 80 cm Länge ist möglich und für eine effektive Zucht sogar sinnvoll. Die erst nach sechs Tagen schlüpfenden Jungen müssen zunächst mit Infusorien ernährt werden; erst nach zwei Wochen dürfen frischgeschlüpfte Salinenkrebschen sowie feinstes Flockenfutter angeboten werden.
Besonderheiten: Der Gelbe Kongosalmler ist - im Schwarm gehalten - ein prächtiger Fisch, der völlig zu unrecht ein wenig im Schatten des Blauen oder eigentlichen Kongosalmlers, *Phenacogrammus interruptus*, steht.

Neuerdings wird diese Art in die Gattung Alestes gestellt! Es gibt unterschiedliche Farbschläge des Gelben Kongosalmlers.
Foto: Aqualife

Wie nahezu alle Salmler müssen auch die Rotnasen, Hemigrammus bleheri, in einer größeren Gruppe gepflegt werden, damit sie sich richtig wohl fühlen. Dennoch schließen sie sich nur zum Schwarm zusammen, wenn sie sich unsicher oder gar bedroht fühlen, ansonsten schwimmt jeder Fisch seines eigenen Wegs. Die meisten Salmler sind als Schwarmfische nicht mit echten Schwarmfischen wie etwa Heringen vergleichbar. Foto: Piednoir

Rotkopfsalmler, Rotnase

Art: *Hemigrammus bleheri* GÉRY & MAHNERT, 1986 (5 cm).
Verbreitung: Südamerika, im Rio Negro in Brasilien, und im Rio Vaupes, Kolumbien.
Lebensraum: Alle Gewässertypen, bevorzugt kleine Seitenbäche und Altarme.

Aquarium: Mittelgroße Aquarien ab 80 cm Länge oder 100 l Inhalt.
Wasser: 22-26 °C, pH-Wert 5-7, 2-16 °dGH.
Nahrung: Allesfresser: Lebendfutter, Frostfutter, Flocken und weitere Sorten.
Fortpflanzung: Laicht paarweise, bevorzugt an feinfiedrigen Wasserpflanzen.

Die Färbung von Hemigrammus rhodostomus *ist etwas weniger intensiv. Ansonsten ist die Zeichnung der Schwanzflosse unterschiedlich.*
Foto: Schmidt

Glühlichtsalmler, Hemigrammus erythrozonus, *hier ein Männchen, sind attraktive Beifische, die jedoch nur selten die Hauptrolle spielen.*
Foto: Aqualife

Zucht: Ein kleines Aquarium ab 40 cm Länge genügt für den Ansatz eines Paars. Es sollte mit einem Laichrost und einem Büschel Javamoos ausgestattet sein.
Besonderheiten: *Hemigrammus rhodostomus* und *Petitella georgiae* sind zwei sehr ähnliche Arten.

Glühlichtsalmler

Art: *Hemigrammus erythrozonus* DURBIN, 1909 (4 cm).
Verbreitung: Südamerika, in Guyana im Essequibo endemisch.
Lebensraum: In den Seitenbächen und vor allem in Altarmen, Schwarzwasser.
Aquarium: Größere Aquarien ab 1 m Länge oder 160 l Inhalt für einen Schwarm.
Wasser: 22-28 °C, pH-Wert 5-7, 2-12 °dGH.
Nahrung: Allesfresser, bevorzugt kleines Lebendfutter tierischen Ursprungs, nimmt aber auch bereitwillig Flocken- oder kleinkörniges Granulatfutter.

Glühlichtsalmler, Hemigrammus erythrozonus, hier ein Weibchen. Diese prächtigen Salmler sollten auch einmal ein Artaquarium wert sein. Foto: Aqualife

Fortpflanzung: Freilaicher über Pflanzen. Gleicht im wesentlichen der des Zitronensalmlers (s. S. 34-40).

Zucht: Ein kleines Aquarium ab 40 cm Länge, ausgestattet mit Laichrost und einem Knäuel Javamoos als Laichhilfe, genügt für den Ansatz eines Paars.

Besonderheiten: Diese anspruchsvolle Art stellt hohe Anforderungen an die Wasserqualität und ist in der Zucht ein Problemfisch, ist also weitgehend mit den Neonsalmlern vergleichbar.

Mein Tip: Im Weichwasser-Pflanzenaquarium läßt sich eine größere Gruppe der Glühlichtsalmler sehr gut pflegen. Wird einmal von der üblichen Vergesellschaftung abgesehen, dann entwickeln sich diese Salmler zu echten Kleinoden.

Schlußlichtsalmler

Art: *Hemigrammus ocellifer* (STEINDACHNER, 1882) (5 cm).

Verbreitung: Südamerika, in Amazonien, in Brasilien, Guyana sowie Argentinien.

Lebensraum: Alle Gewässertypen.

Aquarium: Aquarien ab 80 cm Länge oder 100 l Inhalt genügen für eine Gruppe.

Wasser: 20-26 °C, pH-Wert 5-7, 2-16 °dGH.

Nahrung: Allesfresser, bevorzugt Lebend- und Gefrierfutter, nimmt auch Flocken.

Fortpflanzung: Laicht an Wasserpflanzen.

Zucht: Ein kleines Aquarium ab 40 cm Länge genügt für den Ansatz eines Paars. Näheres siehe beim ähnlich zu züchtenden Zitronensalmler (vgl. S. 34-40).

Mein Tip: Nur in der Gruppe mit mindestens zwölf Fischen wirken sie richtig.

Oben: Schluß-
lichtsalmler,
Hemigrammus
ocellifer. *Diese
Hemigrammus-
Art ist etwas
weniger an-
spruchsvoll und
auch dem Fort-
geschrittenen
Salmlerfreund -
der noch nicht
ganz perfekt ist
- sehr zu emp-
fehlen, ebenso
wie die beiden
weiteren abge-
bildeten Arten.*

Mitte:
Messingsalmler,
Hemigrammus
rodwayi.

Unten:
Flaggensalmler,
Hemigrammus
ulreyi.
*Alle Hemigram-
mus-Arten
müssen in
größeren Grup-
pen gepflegt
werden.*
Fotos: Aqualife

69

Lebendfutter und Plankton, nimmt jedoch - nach der Eingewöhnungsphase - auch feines Flocken- und Granulatfutter.
Fortpflanzung: Wahrscheinlich Freilaicher.
Zucht: Unbekannt, die Zucht ist bisher noch nicht gelungen.
Besonderheiten: Dieser Keulensalmler wird regelmäßig importiert. In der ersten Zeit ist die Art im Aquarium sehr empfindlich, nach einer problematischen Eingewöhnungszeit von etwa zwei Monaten, in der sehr auf die Wasserqualität und auf gutes Futter geachtet werden muß, ist sie ein guter Pflegling.
Mein Tip: Da der Salmler in der Natur noch häufig ist, durch die Tropenwaldzerstörung aber irgendwann gefährdet sein könnte, müssen unbedingt weitere Zuchtversuche unternommen werden. Salmlerfreunde, die über größere Aquarien verfügen, sollten sich bevorzugt der Art annehmen.

Der Federsalmler, Hemiodopsis gracilis, *ist der häufigste eingeführte Keulensalmler der Gattung* Hemiodopsis. *Die Fische sind schwierig einzugewöhnen, aber danach sehr gute Pfleglinge. Mit zunehmendem Alter ändert sich die Körperfärbung und -zeichnung, was die - ohnehin schwierige - Artbestimmung nicht gerade erleichtert.*
Foto o.: Aqualife
Foto r.: Schmidt

Federsalmler

Art: *Hemiodopsis gracilis* (GÜNTHER, 1864) (18 cm).
Verbreitung: Südamerika, in Amazonien, in Brasilien und Guyana.
Lebensraum: Alle Gewässertypen.
Aquarium: Größere Aquarien ab 1,2 m Länge oder 300 l Inhalt.
Wasser: 22-27 °C, pH-Wert 5-7, 2-15 °dGH.
Nahrung: Allesfresser, bevorzugt jedoch - trotz der großen Körperlänge - feines

Wolfssalmler

Art: *Hydrocynus goliath* (BOULENGER, 1898) (bis 150 cm, bleibt im Aquarium etwas kleiner).
Verbreitung: Westafrika, im Kongo.
Lebensraum: Alle Gewässertypen.
Aquarium: Nur größere Aquarien ab 2 m Länge oder 700 l Inhalt.
Wasser: 22-26 °C, pH-Wert 6-8, 4-25 °dGH.
Nahrung: Räuber, frißt neben dem bevorzugten Fisch auch Säugerfleisch.
Fortpflanzung: Wahrscheinlich Freilaicher.
Zucht: Die Zucht ist bisher noch nicht gelungen, obwohl die Wolfssalmler in manchen Schauaquarien gepflegt werden. Möglicherweise werden sie im Aquarium gar nicht groß genug, um geschlechtsreif zu werden, oder es wurden - wahrscheinlich - noch gar keine Zuchtversuche unternommen.
Besonderheiten: Das Raubfischgebiß einer weiteren *Hydrocynus*-Art ist auf S. 57 abgebildet.
Mein Tip: Hände weg von diesem Räuber - auch von Jungfischen!

Großer Raubsalmler

Art: *Hydrolycus scomberoides* (CUVIER, 1816) (bis 70 cm).
Verbreitung: Südamerika, in Amazonien, im Amazonas, Solimoes, Rio Orinoco und Rio Paraguay.
Lebensraum: Alle Gewässertypen.
Aquarium: Nur größere Aquarien ab 2 m Länge oder 700 l Inhalt.
Wasser: 22-26 °C, pH-Wert 5-8, 2-20 °dGH.
Nahrung: Räuber, Fischfresser.
Fortpflanzung: Vermutlich Freilaicher.
Zucht: Wie beim Wolfssalmler ist die Zucht wahrscheinlich wegen der Größe und der räuberischen Lebensweise der Art im Aquarium noch nicht durchgeführt worden. Zudem wären die Nachzuchten wohl kaum guten Gewissens im Zoohandel unterzubringen.
Besonderheiten: Diese Fische zeichnen sich durch ihre hochentwickelten Gebisse aus, die an Raubsäuger erinnern.
Mein Tip: Siehe beim Wolfssalmler.

Der Wolfssalmler, Hydrocynus goliath, *wird in der Natur bis zu 1,5 m lang. Er ist deshalb für die „normale" Aquarienhaltung nicht geeignet.*

Auch der Große Raubsalmler, Hydrolycus scomberoides, *ist für das Heimaquarium ungeeignet.*
Fotos: Aqualife

*Kirschflecksalm-
ler, Hyphesso-
brycon erythro-
stigma, oben,
und Socolofs
Kirschflecksalm-
ler, Hyphesso-
brycon socolofi,
unten, sind ein-
ander sehr
ähnlich.
Foto: Piednoir*

*Die optimalen
Farben zeigen
die Kirschfleck-
salmler nur
unter idealen
Bedingungen.
Foto:
bede-Verlag*

*Jungfische sind
bereits am
„Kirschfleck"
erkennbar,
auch wenn die
weiteren Far-
ben nicht voll
ausgeprägt
sind.
Foto: Schmidt*

Kirschflecksalmler

Art: *Hyphessobrycon erythrostigma*
(FOWLER, 1943) (10 cm).

Verbreitung: Südamerika, in Amazonien,
jedoch nur in Peru.

Lebensraum: Kleine Seitenbäche und
Altarme, bevorzugt im Klar- und
Schwarzwasser.

Aquarium: Größere Aquarien ab 1 m
Länge oder 160 l Inhalt.

Wasser: 22-28 °C, pH-Wert 5-7, 2-12 °dGH.

Nahrung: Allesfresser.

Fortpflanzung: Laicht frei über feinfiedrigen Wasserpflanzen und ähnlichen
Substraten.

Zucht: Ein kleines Aquarium ab 60 cm
Länge genügt für den Ansatz eines Paars.
Ein Laichrost und einige Büschel Was-
serpflanzen gehören zur Ausstattung des
Zuchtaquariums, näheres siehe beim
Zitronensalmler (s. S. 34-40).

Oben: *Eine Salmlerzucht-form, die wahr-scheinlich aus der Kreuzung von* Hyphesso-brycon callistus *mit* H. serpae *hervorging. Foto: Piednoir*

Unten l.: *Socolofs Kirsch-flecksalmler,* Hyphessobrycon socolofi.

Mitte: *Drei-bandsalmler,* Hyphessobrycon heterorhabdus.

Unten r.: *Igneussalmler,* Hyphessobry-con igneus. *Fotos: Aqualife*

Auch wenn der Rote von Rio, Hyphessobrycon flammeus, nicht die auffälligsten Farben zeigt, so ist er doch ein attraktiver kleiner Salmler, der zudem recht robust und einfach zu züchten ist.
Foto: Piednoir

Roter von Rio

Art: *Hyphessobrycon flammeus* MYERS, 1924 (4 cm).

Verbreitung: Südamerika, im östlichen Brasilien, um Rio de Janeiro.

Lebensraum: Alle Gewässertypen.

Aquarium: Größere Aquarien ab 1 m Länge oder 160 l Inhalt.

Wasser: 20-26 °C, pH-Wert 5-7, 2-16 °dGH.

Nahrung: Allesfresser, bevorzugt jedoch kleines Lebendfutter.

Fortpflanzung: Laicht an Wasserpflanzen.

Zucht: Ein kleines Aquarium ab 40 cm Länge genügt für den Ansatz eines Paars. Der Rote von Rio, *Hyphessobrycon flammeus*, ist ein häufig gepflegter, gezüchteter, und zugleich typischer Vertreter der Gattung *Hyphessobrycon*. Sein Laichverhalten ist deshalb gut bekannt. Zur Balz nähert sich anfangs das schlan-

kere Männchen dem kräftigeren Weibchen und umkreist es unter Flossenspreizen in schnellen Schwimmbewegungen. Bei beiden Partnern intensiviert sich die Rotfärbung. Das Männchen beginnt dann dem Weibchen sanft in die Flanken zu stupsen. Daraufhin versucht das Weibchen zuerst, dem werbenden Partner zu entkommen. Es wird aber ständig vom Männchen verfolgt. In dieser Verfolgung versucht das Männchen immer wieder an die Seite des Weibchens zu gelangen, um es so zum Ablaichen zu motivieren. Sobald das Weibchen laichgestimmt ist, schwimmt es auf eine fein gefiederte Pflanze zu und läßt das Männchen nun an seine Flanke schwimmen. Dann ist das Männchen bald an seiner Seite und es erfolgt der blitzschnelle Laichakt. Dabei schwim-

men die Fische in einer Spirale, und das Männchen schlägt dabei seinen Schwanz über den Rücken hinter der Rückenflosse des Weibchens. Manchmal laicht das Paar auch an der Wasseroberfläche über den Pflanzen ab. Die glasigen kleinen Eier sind kaum schwerer als Wasser und bleiben an den Pflanzen haften. Der Rote von Rio laicht durchaus auch im Schwarm. Dabei wechseln die Partner unter den einzelnen Paaren aber nur in Ausnahmefällen miteinander. Aus einer Laichphase können je Weibchen bis zu 500 Eier erzielt werden.

Die Larven schlüpfen bereits nach einem Tag, aber erst nach fünf weiteren Tagen schwimmen sie frei und nehmen feine Nahrung an.

Besonderheiten: Es gibt eine sehr ähnliche Art, *Hyphessobrycon griemi*.

Mein Tip: Der Rote von Rio ist vor allem jenen Aquarianern sehr zu empfehlen, die erste Zuchtversuche mit Salmlern unternehmen wollen.

Oben: *Ein Funkensalmlerschwarm,* Hyphessobrycon amandae *Foto: Tavernier*

Mitte und unten r.: *Schwarzer Neonsalmler,* Hyphessobrycon herbertaxelrodi. *Fotos: Schmidt*

Unten l.: *Ein unbekannter Salmler,* Hyphessobrycon sp. *Foto: Aqualife*

(S. a. S. 34-40.)

Der Königs-salmler, Inpa-ichthys kerri, wird unter optimalen Pfle-gebedingun-gen ein herrlich blauer Fisch.

Der schwarze Flankenfleck imponierender Schwarzer Phantomsalm-lermännchen, Megalamphodus megalopterus, leuchtet wie ein großes „Auge" aus dem Pflan-zendickicht.

Fotos: Schmidt

Königssalmler

Art: *Inpaichthys kerri* GÉRY & JUNK, 1977 (4 cm).
Verbreitung: Südamerika, in Amazonien, im Rio Aripuana.
Lebensraum: Alle Gewässertypen, bevor-zugt im Schwarzwasser.
Aquarium: Größere Aquarien ab 1 m Länge oder 160 l Inhalt.
Wasser: 20-26 °C, pH-Wert 5-7, 2-16 °dGH.
Nahrung: Allesfresser, Lebendfutter.
Fortpflanzung: Laicht besonders gern an feinfiedrigen Wasserpflanzen.
Zucht: Ein kleines Aquarium ab 40 cm Länge genügt für den Ansatz eines Paars, ein Laichrost und ein Büschel Haarnixe, *Cabomba* spp., oder Tausendblatt, *Myriophyllum* spp., müssen aber zur Einrichtung gehören, da die Salmler sonst nicht ablaichen, oder der Laich als Fischfutter verloren gehen würde.
Besonderheiten: Die Gattung wurde nach einem brasilianischen ichthyologischen Institut „INPA" benannt.
Mein Tip: Ein prächtiger und empfeh-lenswerter Salmler, er ist allerdings kein Schwarmfisch, da die Männchen wie zum Beispiel bei den Phantomsalmlern Laichreviere gründen.

Schwarzer Phantomsalmler

Art: *Megalamphodus megalopterus* EIGENMANN, 1915 (4 cm).
Verbreitung: Südamerika, in Amazonien, genauer im Quellgebiet des Rio San Fran-cisco in Brasilien.
Lebensraum: Kleine Klarwasserbäche.
Aquarium: Größere Aquarien ab 1 m Länge oder 160 l Inhalt.
Wasser: 20-26 °C, pH-Wert 5-7, 2-16 °dGH.
Nahrung: Allesfresser.
Fortpflanzung: Laicht an Wasserpflanzen.
Zucht: Ein kleines Aquarium ab 40 cm Länge genügt für den Ansatz eines Paars, näheres siehe Seite 42 bis 43.
Besonderheiten: Phantomsalmler sind kei-ne Schwarmfische. Die Weibchen und jüngeren Männchen finden sich zu Grup-pen zusammen, die Männchen gründen Laichreviere. Aber auch die Weibchen können zeitweise aggressiv untereinan-der sein.
Die Phantomsalmler wurden nach neue-sten wissenschaftlichen Untersuchungen in die Sammelgattung *Hyphessobrycon*

gestellt. Da es jedoch absehbar ist, daß diese Gattung unterteilt wird, erscheint es unsinnig, diese Salmler zwischenzeitlich anders zu benennen.

Mein Tip: Ein idealer Fisch, um das Verhalten der Salmler näher zu studieren.

Oben und Mitte r.: Moenkhausia pittieri. **Mitte l.:** Megalamphodus sweglesi. **Unten:** Moenkhausia sanctaefilomenae.

Brillantsalmler

Art: *Moenkhausia pittieri* EIGENMANN, 1920 (6 cm).

Verbreitung: Südamerika, im Valenciasee und seinen Zuflüssen in Venezuela.

Lebensraum: Alle Gewässertypen.

Aquarium: Mittlere Aquarien ab 80 cm Länge oder 100 l Inhalt.

Wasser: 22-28 °C, pH-Wert 5-7, 2-12 °dGH.

Nahrung: Allesfresser, bevorzugt Lebend- und Gefrierfutter tierischen Ursprungs.

Fortpflanzung: Laicht über Pflanzen.

Zucht: Ein kleines Aquarium ab 40 cm Länge genügt für den Ansatz eines Paars.

Mein Tip: Nur im dicht bepflanzten Aquarium mit dichtem Pflanzenwuchs zeigt sich die prächtige Brillantfärbung.

Oben:
Der Kaisersalm-
ler, Nematobry-
con palmeri, *ist*
eine weitere
jener Salmlerar-
ten, die weni-
ger in der
Gruppe
schwimmen,
sondern viel-
mehr revierbil-
dend sind.

Oben r. und r.:
Der Rotaugen-
Kaisersalmler,
Nematobrycon
lacortei, ist ein
weiterer präch-
tiger Vertreter
der Gattung.
Fotos o.:
Aqualife
Foto r.:
Piednoir

Kaisersalmler

Art: *Nematobrycon palmeri* EIGENMANN, 1911 (5 cm).
Verbreitung: Südamerika, in Kolumbien.
Lebensraum: Alle Gewässertypen.
Aquarium: Größere Aquarien ab 1 m Länge oder 160 l Inhalt.
Wasser: 20-26 °C, pH-Wert 5-7, 2-16 °dGH.
Nahrung: Allesfresser, Lebendfutter.
Fortpflanzung: Laicht an Wasserpflanzen.
Zucht: Ein kleines Aquarium ab 40 cm Länge genügt für den Ansatz eines Paars.

Roter Neonsalmler

Art: *Paracheirodon axelrodi* (SCHULTZ, 1956) (4 cm).
Verbreitung: Südamerika, in Amazonien.
Lebensraum: In Schwarzwasserbächen.
Aquarium: Mittlere Aquarien ab 80 cm Länge und etwa 100 l Inhalt.
Wasser: 22-27 °C, pH-Wert 5-6, 2-12 °dGH.
Nahrung: Allesfresser.
Fortpflanzung: Freilaicher.
Zucht: Leicht nur in extrem weichem und saurem Schwarzwasser.

Oben: *Rote Neon im Gesell-schaftsaquarium.*
Mitte r.: *Roter Neonsalmler,* Paracheirodon axelrodi.
Mitte l.: *Platinum-Neon,* Paracheirodon innesi.
Unten: Phena-cogrammus interruptus.

Kongosalmler

Art: *Phenacogrammus interruptus* (BOULENGER, 1899) (9 cm).
Verbreitung: Westafrika, im Kongo.
Lebensraum: Alle Gewässertypen.
Aquarium: Größere Aquarien ab 1 m Länge oder 160 l Inhalt.
Wasser: 20-26 °C, pH-Wert 5-7, 2-16 °dGH.
Nahrung: Allesfresser; Lebendfutter.
Fortpflanzung: Laicht an Wasserpflanzen.
Zucht: Mittlere Aquarien ab 60 cm Länge genügen für den Ansatz eines Paars; ein Daueransatz ist günstig.

Bücher für Ihr Hobby

Mit der neuen Erfolgsreihe aus dem bede-Verlag bieten wir Ihnen zu Ihren Aquarienfischen das passende Buch.

Sie möchten in die Aquaristik einsteigen, oder Sie brauchen wertvolle Tips zur Haltung und Zucht Ihrer Fische, dann ist unsere neue Reihe genau das Richtige. Jeder der 28 Titel umfaßt 80 Seiten und ca. 80-100 faszinierende Farbaufnahmen.

Für nur DM 19,80 je Titel ein aquaristisches Muß für Hobby-Aquarianer.

Fordern Sie unverbindlich unseren Gesamtprospekt an!